MEIN KÖRPER

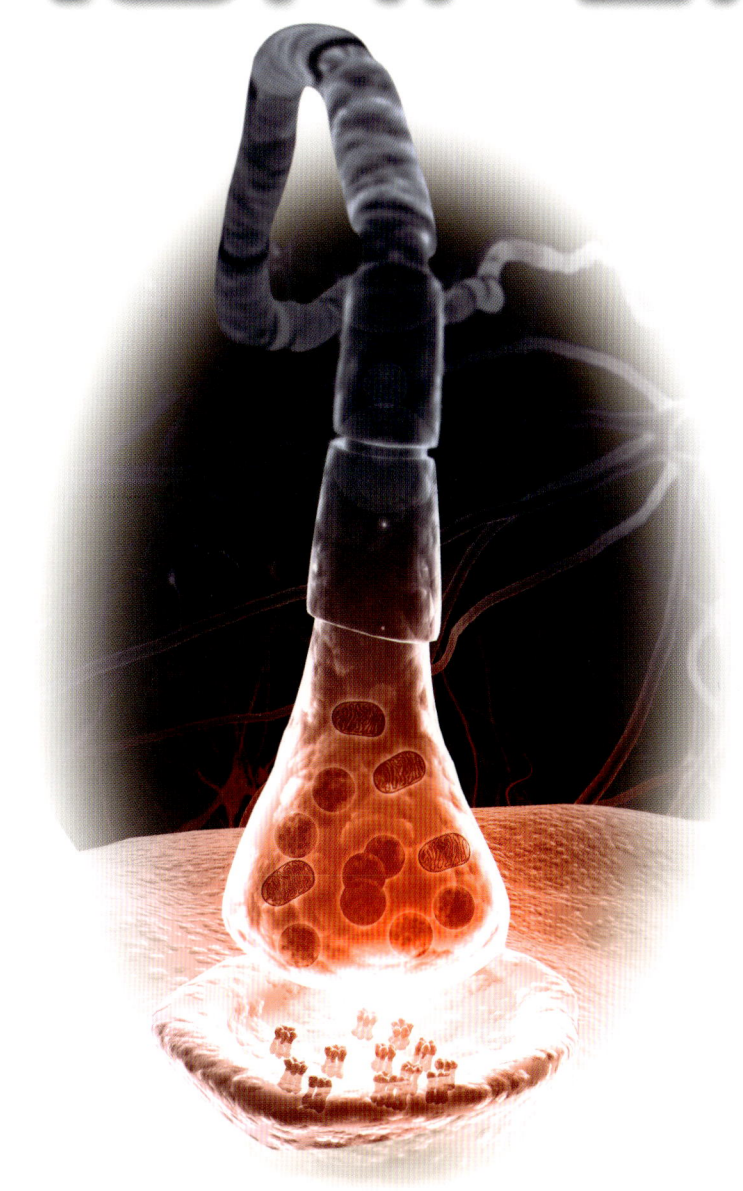

Miranda Smith

cbj ist der Kinder- und Jugendbuchverlag
in der Verlagsgruppe Random House

Umwelthinweis:
Dieses Buch wurde auf chlorfrei gebleichtem Papier gedruckt.

Gesetzt nach den Regeln der Rechtschreibreform

1. Auflage 2009
© 2009 für die deutschsprachige Ausgabe cbj, München
Alle deutschsprachigen Rechte vorbehalten
Copyright © Macmillan Children's Books 2008
All rights reserved
Die englische Originalausgabe erschien bei Kingfisher,
an imprint of Macmillan Children's Books,
unter dem Titel »Navigators. Human Body«
Fachlicher Berater: Dr. Patricia Macnair
3-D-Illustrationen: Rajeev Doshi, Medi-Mation
Übersetzung: Lilian Kura
Lektorat: Ulrike Hauswaldt
Umschlagkonzeption: init.büro für gestaltung, Bielefeld
AR · Herstellung: SH
Satz: Uhl + Massopust, Aalen
ISBN 978-3-570-13628-7
Printed in Taiwan

www.cbj-verlag.de

**Der Verlag dankt den folgenden Personen und Agenturen, die Bilder oder Illustrationen zu diesem Buch beigesteuert haben
(o = oben, u = unten, m = mitte, l = links, r = rechts):**
Seite 1 Getty/3D4Medical.com; 3ol Science Photo Library (SPL)/NIAID/CDC; 3um SPL/Biology Media; 5ol Getty/Stone; 5or SPL/Living Art Enterprises, LLC;
6mr SPL/Robert Brocksmith; 6ul SPL/ISM; 7o SPL/Professor P Motta/Dept of Anatomy/La Sapienza, Rome; 7ml SPL/Andrew Syred; 7ul Getty/Visuals
Unlimited; 7mr SPL/Steve Gschmeissner; 7ur SPL/Steve Gschmeissner; 8ml SPL/David Parker; 8mr SPL/James King-Holmes; 8ul SPL/Andrew Syred;
8–9 SPL/Pasieka; 9ol SPL/J C Revy; 9or SPL/J L Carson, Custom Medical Stock Photo; 9ur SPL/Pasieka; 10–11 Corbis/Randy Faris; 10ur SPL/Alfred Pasieka;
11mo SPL/Steve Gschmeissner; 11mr SPL/Andrew Syred; 11mu Shutterstock; 12ur SPL/BSIP, Chassenet; 13mr Getty/Visuals Unlimited; 13ul Corbis/Carl &
Ann Purcell; 13ur SPL/Eye of Science; 14or Shutterstock; 14ul SPL/Steve Gschmeissner; 14ur Shutterstock; 14–15 Corbis/Kai Pfaffenbach/Reuters;
15mo Shutterstock; 15m Shutterstock; 15ml SPL/D Roberts; 15ul Shutterstock; 15ur Shutterstock; 16ml SPL/Steve Gschmeissner; 16mr Getty/3D4medical.com;
16um Getty/Taxi; 17or SPL/Alfred Pasieka; 17um SPL/Manfred Kage; 17ur SPL/Andrew Syred; 18ol SPL/Eye of Science; 18ml SPL/Susumu Nishinaga;
19or SPL/Steve Gschmeissner; 20or SPL/AJ Photo; 20m SPL/John Bavosi; 20ul SPL/NIAID/CDC; 20ur SPL/Steve Gschmeissner; 21 SPL/Thierry Berrod,
Mona Lisa Production; 21u SPL/Biology Media; 22 SPL; 22ur SPL/Asa Thoresen; 23or SPL; 23mr SPL/L Steinmark/Custom Medical Stock Photo; 23u SPL;
24ur SPL/Susumu Nishinaga; 25ol Corbis/Pete Saloutos; 25or Getty/Visuals Unlimited; 25ml Corbis/Visuals Unlimited; 25ul SPL/John Bavosi; 25ur Corbis/
Ned Frisk; 26 Getty/3D4Medical.com; 26r Getty/AFP; 27 Getty/3D4Medical.com; 27or Getty/Visuals Unlimited; 27ur SPL/Eye of Science; 28ul SPL/
Mehau Kulyk; 29m SPL/James Holmes; 29u Getty/Science Faction; 30ml Corbis/Darama; 30ur Getty/Taxi; 31ml SPL/Eye of Science; 31ul SPL/Professor
Cinti & V Gremet; 32ol SPL/David Parker; 32ul Getty/Stockbyte; 33or SPL/Steve Percival; 33m SPL/Omikron; 33ur Corbis/Gary W Carter; 34ul SPL/Steve
Gschmeissner; 34mr Getty/Collection Mix; 35m SPL/Roger Harris; 35mr SPL/Alfred Pasieka; 35u Getty/Jamie Harnwell; 36om Getty/Photonica; 36or SPL/
Alex Bartel; 36ul SPL/Eye of Science; 37om SPL/Eye of Science; 37or SPL/Steve Gschmeissner; 38 Getty/Visuals Unlimited; 38m Getty/Collection Mix;
38mr SPL/Steve Gschmeissner; 38ur SPL/CNRI; 39o SPL/Alain Pol, ISM; 39mr SPL/Alfred Pasieka; 39u SPL; 40 SPL/Steve Gschmeissner; 40r SPL/Roger
Harris; 41l SPL/Roger Harris; 41ul SPL/Du Cane Medical Imaging Ltd; 41ur SPL/Sovereign, ISM; 42or SPL/Eye of Science; 43 Getty/3D4Medical.com;
43ur Getty/Stone+; 44l SPL/Professor P Motta/Dept of Anatomy/La Sapienza, Rome; 44m SPL/Susumu Nishinaga; 44r SPL/ISM; 45l SPL/NIAID/CDC;
45m SPL/Pasieka; 45r Getty/3D4Medical.com; 48or Photolibrary.com; 48ml Corbis/Neal Preston; 48ur Corbis/Bettman Archive.

INHALT

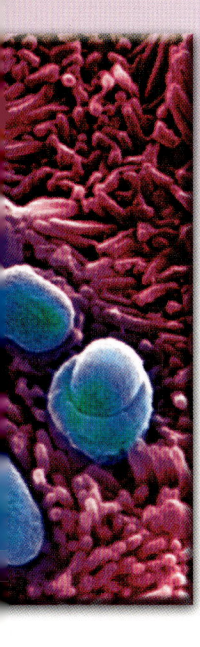

SYSTEME IM EINKLANG

Eigentlich ist dein Körper wie eine Maschine gebaut. Denn genau wie bei einer Maschine müssen auch in dir unzählige Teile perfekt zusammenarbeiten, damit das Leben reibungslos »läuft«. Die wichtigsten Bauteile dieses Wunderwerks teilen Mediziner in sogenannte Systeme ein. Eines davon sind Haut, Haare und Nägel: Sie halten alles zusammen und schützen vor äußeren Einflüssen. Hier werden kurz die wichtigsten anderen Systeme vorgestellt.

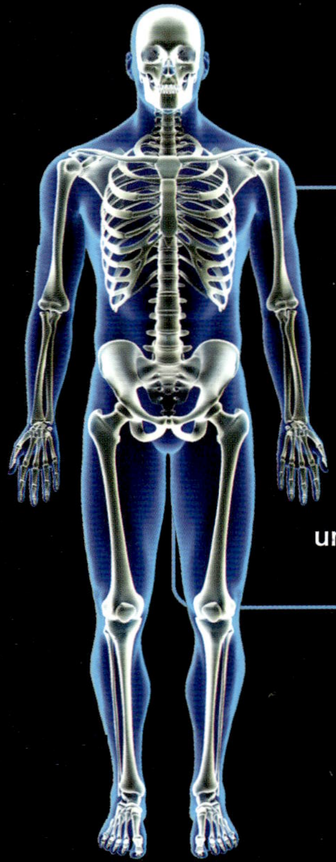

Das Skelett
stützt als festes Knochengerüst den Körper und schützt wichtige Organe. Zusammen mit Muskeln und Bändern sorgt es für unsere Beweglichkeit.

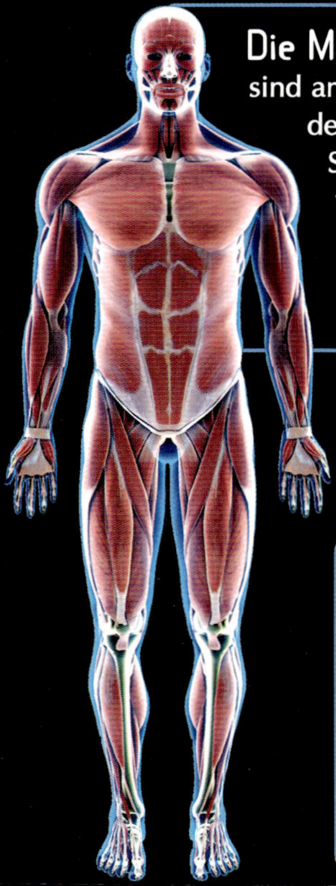

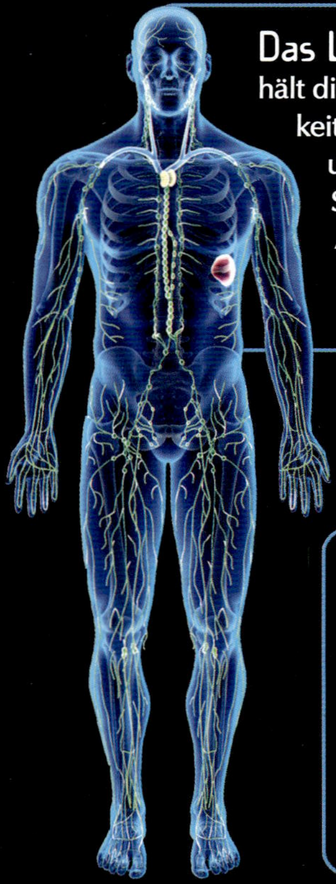

Das Lymphsystem
hält die Körperflüssigkeiten im Gleichgewicht und Infektionen in Schach. Wichtige Abwehrstoffe helfen ihm dabei.

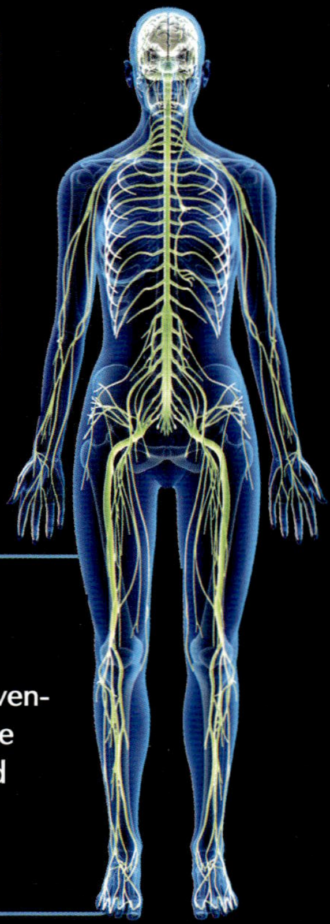

Das Nervensystem
besteht aus Gehirn, Rückenmark und Nervenbahnen. Seine Aufgabe ist das Empfangen und Versenden von Informationen.

Die Muskeln
sind an vielen Stellen mit dem Skelett verbunden. Sie steuern die Bewegung der Gliedmaßen und der inneren Organe.

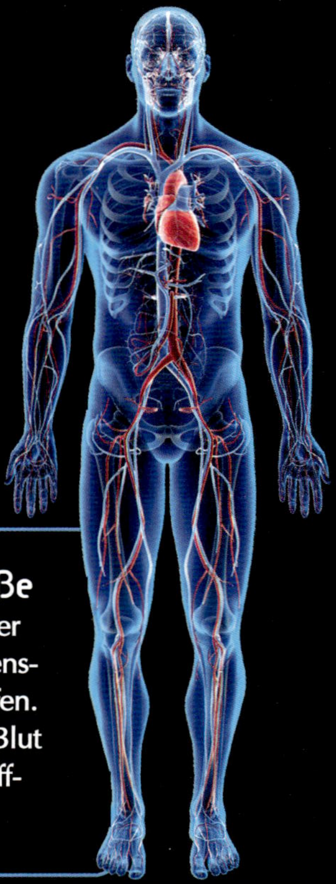

Herz und Blutgefäße
versorgen deinen Körper mit Sauerstoff und lebensnotwendigen Nährstoffen. Außerdem bindet das Blut Abfallprodukte des Stoffwechsels.

> SYSTEM – *Gruppe von Organen und Geweben, die gemeinsam eine Funktion im Körper erfüllen.*

BLICK IN DEN KÖRPER

Seit der Erfindung der Röntgenstrahlen im Jahr 1895 können Ärzte in den menschlichen Körper hineinschauen, ohne ihn aufzuschneiden. Ähnliche Verfahren sind Computertomografie (CT), Magnetresonanztomografie (MRT) und Ultraschall. Sie machen es heute möglich, sehr genaue Diagnosen zu stellen. Dadurch steigen die Heilungschancen für viele Krankheiten.

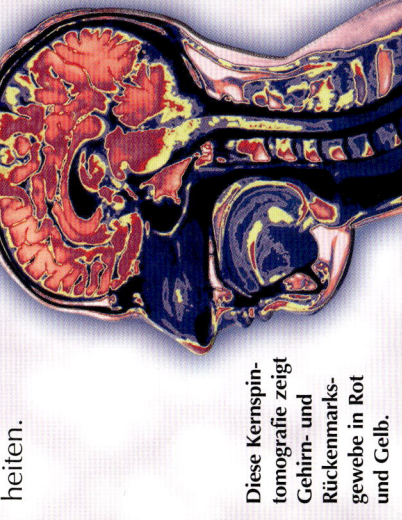

Diese Kernspintomografie zeigt Gehirn- und Rückenmarksgewebe in Rot und Gelb.

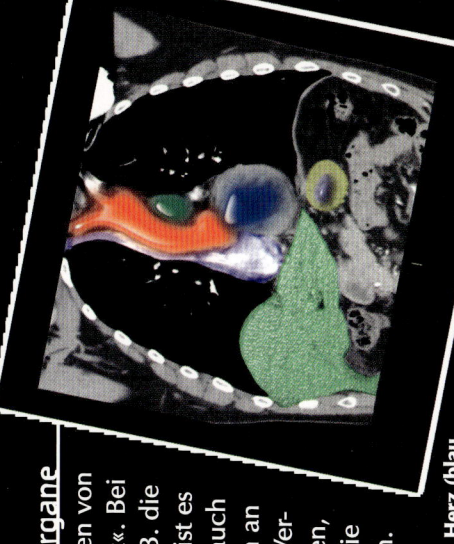

Die Organe

Manche Körpersysteme werden von einem Hauptorgan »regiert«. Bei den Harnwegen sind das z. B. die Nieren, beim Nervensystem ist es das Gehirn. Oft arbeiten aber auch mehrere Organe gemeinsam an einer Aufgabe – etwa beim Verdauungssystem, in dem Magen, Darm und Leber zusammen die Nahrung verwerten.

Diese Computertomografie zeigt das Herz (blau, in der Mitte) und die Leber (grün, links unten).

Hormone

sind »Botenstoffe«, die wichtige Körperfunktionen wie z. B. Wachstum und Fortpflanzung beeinflussen. Sie werden in verschiedenen Drüsen hergestellt.

Die Harnwege

sorgen für ein gesundes Gleichgewicht der Körperflüssigkeiten, Mineralien und Salze. Giftstoffe werden im Harn ausgeschieden.

Die Atmung

versorgt den Körper mit lebensnotwendigem Sauerstoff. Dieser wird in den Lungen gewonnen und von dort aus in alle anderen Organe verteilt.

Das Verdauungssystem

ist zuständig für die Verwertung und Ausscheidung der Nahrung. Es versorgt den Körper mit Energie.

Männliches Fortpflanzungssystem

Weibliches Fortpflanzungssystem

Die Fortpflanzungsorgane

dienen beim Mann der Herstellung von Samenzellen, bei der Frau erzeugen sie reife Eizellen. Im Mutterleib entwickelt sich daraus ein Baby und wächst dort heran, bis es geboren wird.

˄ Das Zentrale Nervensystem ist mit allen Körperbereichen verbunden.

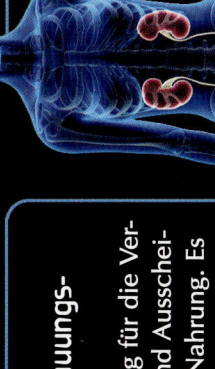

DIE ZELLEN

Dein Körper besteht aus ungefähr 5000 Milliarden Zellen, die auch »Bausteine des Lebens« genannt werden. Sie sind so winzig, dass man sie nur durch ein Mikroskop sehen kann. Zellen können sich vermehren: Ein Erwachsener hat ungefähr doppelt so viele wie ein zehnjähriges Kind! Zellen erfüllen viele schwierige Aufgaben und sind deshalb sehr kompliziert aufgebaut.

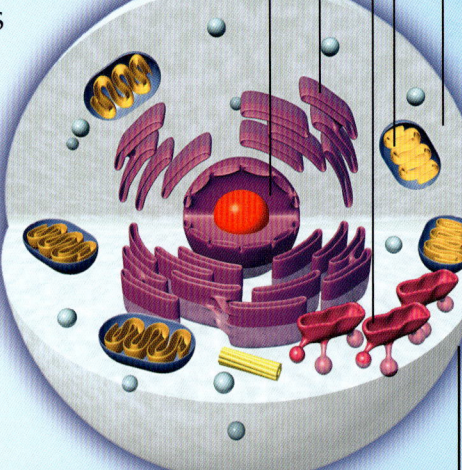

Das Endoplasmatische Retikulum transportiert Stoffe innerhalb der Zelle.

Zellkern (Nukleus)

Zellmembran

Der Golgi-Apparat transportiert Stoffe aus der Zelle heraus.

Mitochondrium

Zytoplasma

Zellteilung durch Mitose: Eine Einzelzelle produziert zwei identische Tochterzellen.

Das »Kraftwerk« in der Zelle

Mitochondrien sind winzig kleine Organe (Organellen) innerhalb einer Zelle. Bei der sogenannten Zellatmung stellen sie aus Zucker und Sauerstoff wertvolle Energie her. Diese Energie wird in den Mitochondrien gespeichert. Wenn sie in der Zelle benötigt wird, steht sie sofort zur Verfügung.

Bau einer Zelle

Alle Körperzellen haben einen Zellkern (Nukleus). Er enthält die DNA (siehe Seite 8-9) und ist für die Teilung und Neubildung von Zellen zuständig. Jeder Zellkern ist eingebettet in Zytoplasma. In dieser geleeartigen Masse schweben die Mitochondrien und alle anderen Zellorganellen. Eine schützende Haut (Zellmembran) umhüllt die Zelle und entscheidet darüber, welche Stoffe hinein- oder hinausgelangen.

Zellteilung

Es gibt zwei Arten von Zellteilung. Die Mitose (rechts) kommt zum Einsatz, wenn der Körper mehr Zellen benötigt – z.B. beim Wachsen oder wenn eine Wunde heilt. Dabei fertigt eine Mutterzelle zwei exakte Kopien von sich selbst an: Tochterzellen. Die Meiose dient der Fortpflanzung (siehe Seite 42–43) und produziert Keimzellen (Gameten).

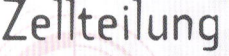

> Die größte Körperzelle ist die weibliche Eizelle. Sie hat einen Durchmesser von 1 mm.

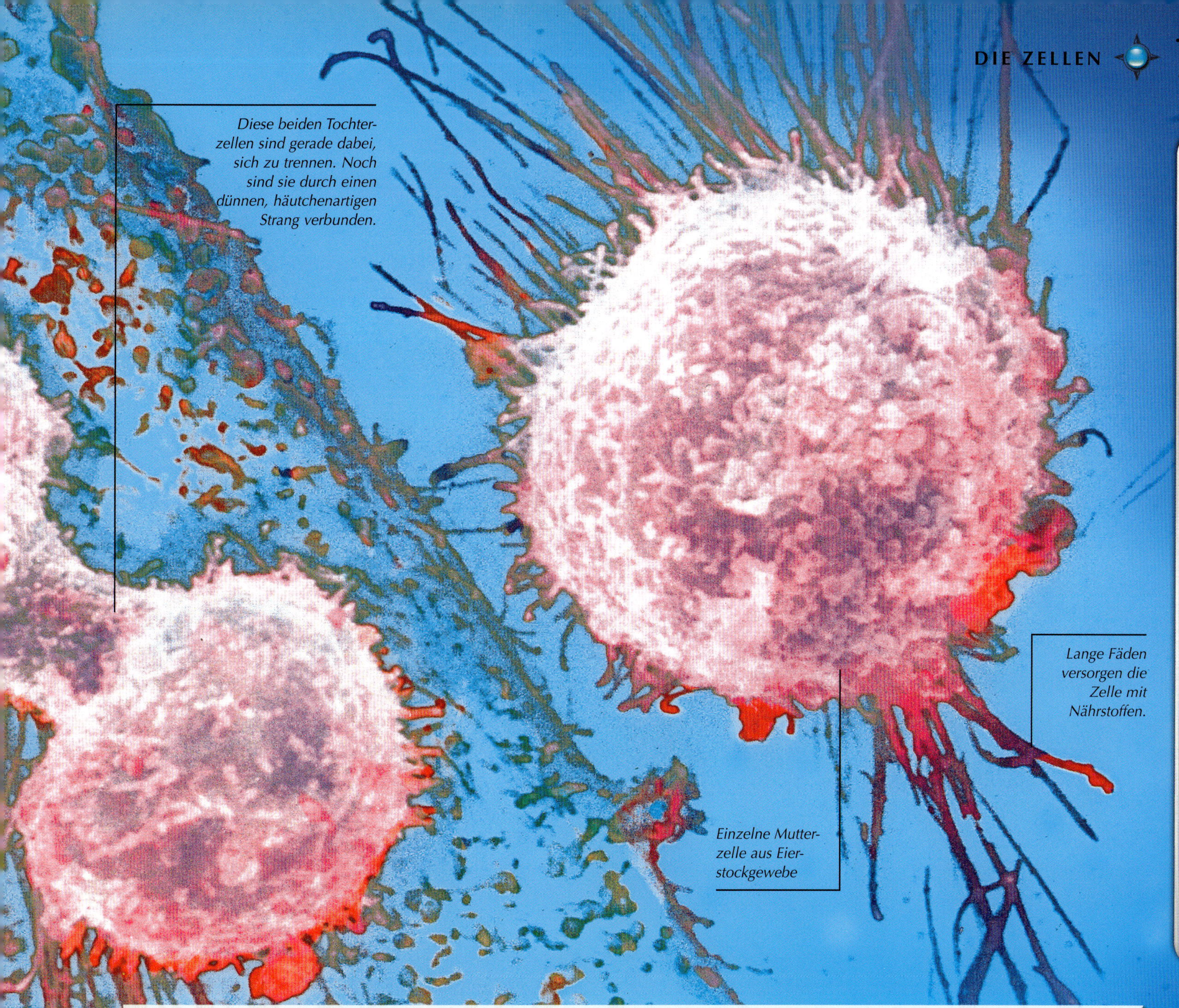

Diese beiden Tochterzellen sind gerade dabei, sich zu trennen. Noch sind sie durch einen dünnen, häutchenartigen Strang verbunden.

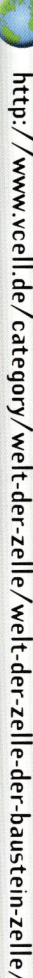

Lange Fäden versorgen die Zelle mit Nährstoffen.

Einzelne Mutterzelle aus Eierstockgewebe

http://www.vcell.de/category/welt-der-zelle/welt-der-zelle-der-baustein-zelle/

VERSCHIEDENE ZELLEN

Wir kennen etwa 200 verschiedene Arten von Zellen. Normalerweise bilden viele gleichartige Zellen ein Gewebe und erfüllen eine gemeinsame Aufgabe. Leberzellen z. B. reinigen zusammen sehr effektiv das Blut von Schadstoffen.

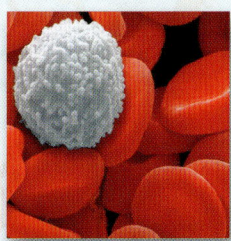

Weiße Blutkörperchen produzieren Antikörper gegen Krankheiten. **Rote Blutkörperchen** transportieren Sauerstoff.

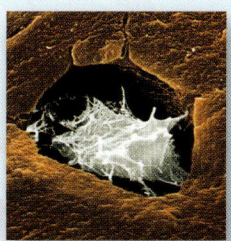

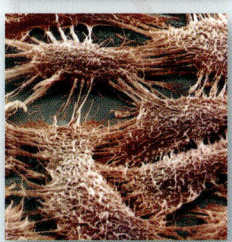

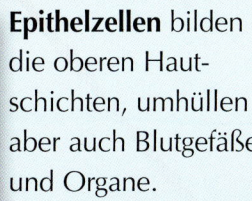

Knochenzellen (Osteozyten) sind verantwortlich für die Dichte und Festigkeit der Knochen.

Epithelzellen bilden die oberen Hautschichten, umhüllen aber auch Blutgefäße und Organe.

Nervenzellen (Neuronen) erzeugen und leiten elektrische Impulse. Dadurch steht das Nervensystem mit dem Körper in Verbindung.

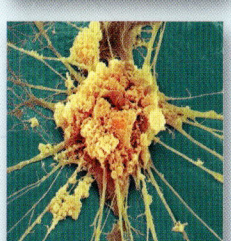

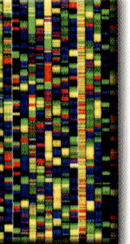

GENE UND DIE DNS

In jedem Zellkern befinden sich 46 lange Fäden – die Chromosomen. Das sind lange Molekülketten aus DNS (Nukleinsäuren), die deine kompletten Erbanlagen enthalten. Eine einzelne Erbanlage, z.B. für rote Haare, bezeichnet man als Gen. Das Gen ist ein Abschnitt auf dem Chromosom. Die Hälfte deiner Gene stammt von deiner Mutter, die andere Hälfte von deinem Vater.

DNS – chemische Verbindung, die die komplette genetische Information eines Lebewesens enthält.

Die Doppelhelix

DNS besteht aus zwei verflochtenen Strängen, die man aufgrund ihrer Form als Doppelhelix (Helix = Spirale) bezeichnet. Die Doppelhelix hält extreme Zugbelastungen aus. Ihre beiden Stränge bestehen aus Zucker und Phosphat und sind in regelmäßigen Abständen miteinander verbunden – wie bei einer Leiter.

Computerdarstellung einer menschlichen DNS-Abfolge

Gene und Genkarten

Im Jahr 2001 fertigten Wissenschaftler eine detaillierte Genkarte an. Man sieht darauf, welches Gen wo genau sitzt. Dieses sogenannte Genom ist überaus wichtig für die Weiterentwicklung der Medizin.

Ein Forscher bereitet DNS für eine Genkarte vor.

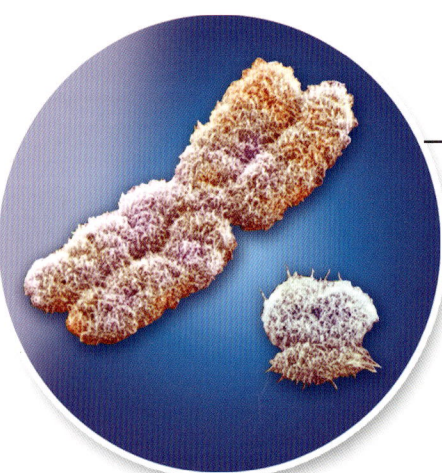

Chromosomen

Die 46 Chromosomen sind paarweise angeordnet. Darunter ist ein Paar für das Geschlecht des Menschen zuständig. Weil die beiden Chromosomen wie Buchstaben aussehen, bezeichnet man sie mit »X« und »Y«. Ein Mann hat das Chromosomenpaar XY, eine Frau XX.

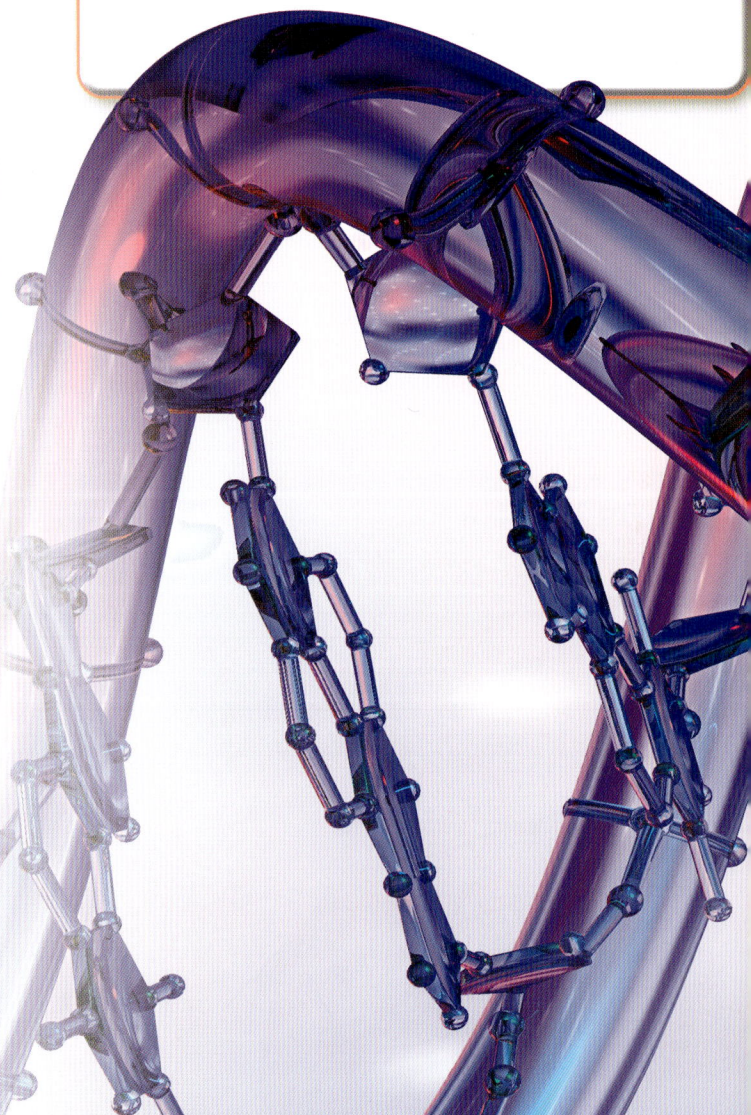

> Die menschliche DNS gleicht der von Schimpansen zu 98,4 % – und zu 70 % der DNS von Schnecken!

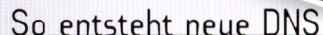

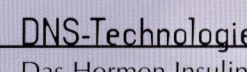

DNS-Technologie

Das Hormon Insulin reguliert den Zuckergehalt im Blut. Manche Menschen können es nicht auf natürliche Weise erzeugen und müssen es sich täglich spritzen. 1978 gelang DNS-Technikern die Produktion von künstlichem Insulin – das erste gentechnische Produkt.

Computermodell eines Insulinmoleküls

Dieses Foto wurde eingefärbt, um die DNS-Stränge, die sich soeben teilen, besser sichtbar zu machen.

So entsteht neue DNS

Hier ist die Doppelhelix einer menschlichen DNS abgebildet. Teilt sie sich in der Mitte, entstehen zwei Tochterstränge. Diese können sich selbst verdoppeln und wieder zu einer kompletten Doppelhelix zusammensetzen.

http://www.digitalefolien.de/biologie/mensch/genetik/meiose.html

Im auseinandergezogenen Zustand sieht die Doppelhelix aus wie eine gedrehte Leiter.

🔴 DIE BASEN DER DNS

Die genetische Information deiner DNS steckt in der Abfolge von Basenpaaren. Sie bestehen aus Adenin (A) und Thymin (T), Cytosin (C) und Guanin (G). AT und CG bilden jeweils eine »Sprosse« der DNS-Leiter. Die Sprossen sind in Dreiergruppen übereinander angeordnet und ergeben so einen Code.

Base A tritt immer in Verbindung mit Base T auf.

Base C paart sich immer mit Base G.

Jede Zelle erhält ihre »Anweisungen« durch die Abfolge der Basengruppen – den Code.

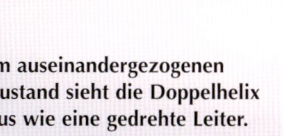

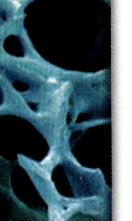

DAS SKELETT

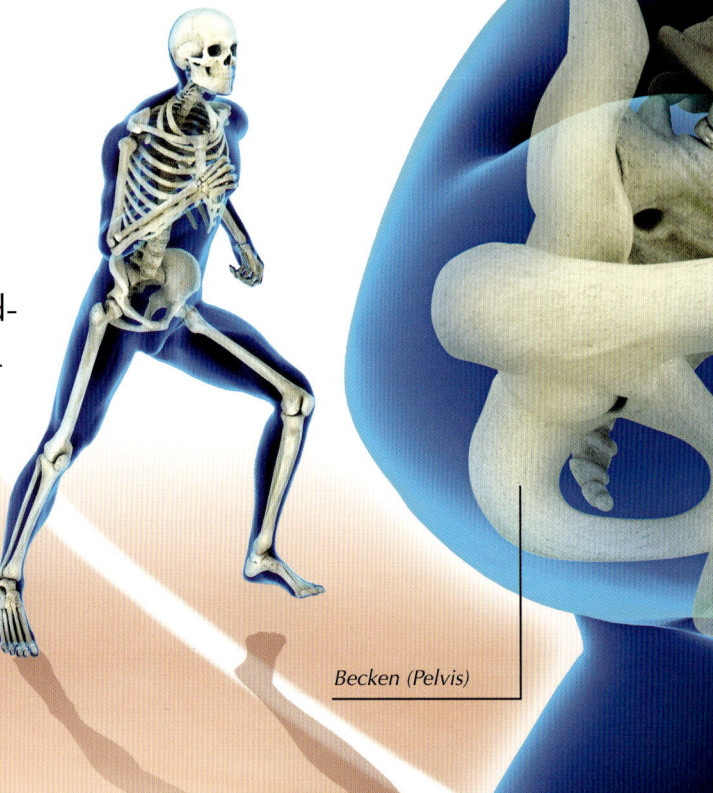

Ein stabiles, bewegliches Knochengerüst bildet die Grundlage deiner Körperform. Ungefähr 206 Knochen in vielerlei Größen erfüllen die verschiedensten Aufgaben. Dank der röhrenförmigen Knochen von Armen und Beinen kannst du dich bewegen. Platte Knochen schützen deine inneren Organe: Der Schädel umgibt das empfindliche Gehirn, die Rippen schützen Herz und Lunge.

Becken (Pelvis)

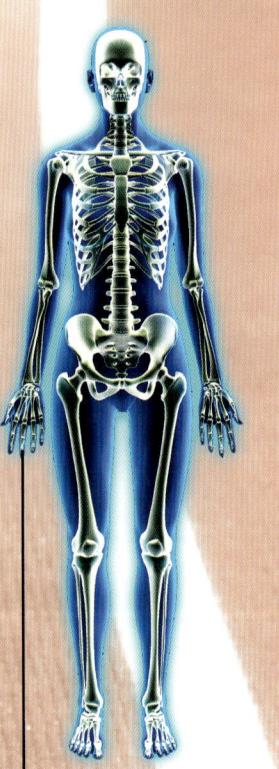

Bau eines Knochens

Röhrenknochen sind innen hohl. Der Hohlraum ist mit Knochenmark gefüllt, das von einer schwammartigen Knochenschicht umgeben ist. Dann erst folgt der eigentliche feste Knochen, geschützt von der äußeren Knochenhaut. Jeder Knochen verfügt außerdem über Blutgefäße, Nervenzellen sowie lebende Knochenzellen.

Wadenbein (Fibula)

Schienbein (Tibia)

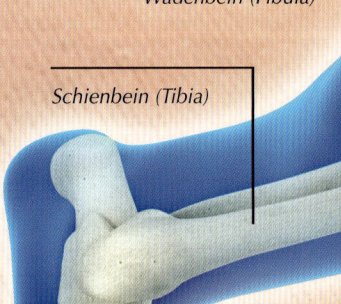

Das Skelett

Ohne sein Knochengerüst wäre der Körper bewegungsunfähig. Er würde in sich zusammenfallen und seine inneren Organe wären schlecht geschützt. Erst die Zusammenarbeit von Skelett und Muskeln macht Bewegung möglich.

Der Schädel

Ein menschlicher Kopf besteht aus 22 verschiedenen Knochen. Acht davon gehören zum Schädel (Cranium), der als großer Hohlkörper das Gehirn schützt. Die restlichen 14 Knochen bilden das Gesicht. Außer dem Unterkiefer sind alle Schädelknochen unbeweglich.

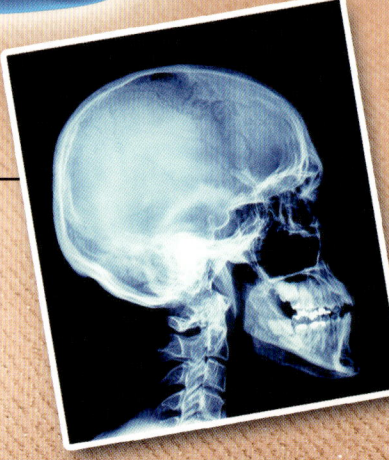

 > Ein Neugeborenes hat 350 Knochen, ein Erwachsener nur 206: Im Laufe der Zeit wachsen manche Knochenteile zusammen.

Oberschenkel-
knochen
(Femur)

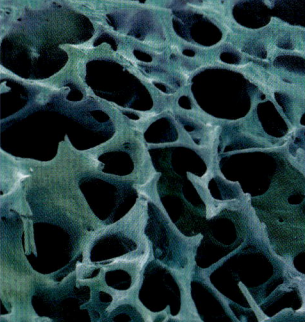

Das Schwammgewebe

Das Innere des festen Röhrenknochens ist zart und luftig gebaut: Es besteht aus einem schwammartigen Gewebe aus dünnen Knochenbälkchen mit vielen Hohlräumen dazwischen. Das hat einen riesigen Vorteil: Der Knochen wird dadurch leichter.

Ganz innen sitzt das Knochenmark. Es wechselt im Laufe deines Lebens seine Farbe von Rot nach Gelb.

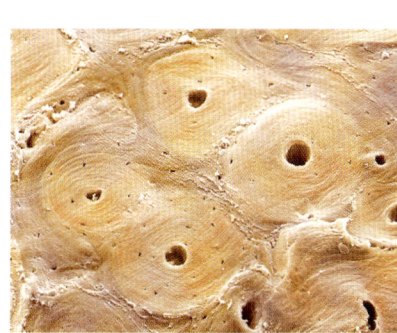

Die Knochenhaut (Periost) enthält Blutgefäße, die den Knochen versorgen.

Knochenmark speichert Fett und produziert rote Blut-körperchen.

Stabile Lamellen bilden Röhren, in denen Kanäle liegen.

In den Kanälen verlaufen Blutgefäße und Nerven.

Die Knochenhaut

Der äußere Teil der Knochen-haut ist sehr dicht und fest, besonders bei den Röhrenknochen. Diese sogenannte Kompakta ist eines der härtesten Materialien im Körper und schützt das empfindliche Knocheninnere hervorragend.

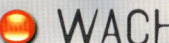

WACHSTUM UND HEILUNG

Knochen besitzen eine sehr gute Selbstheilungskraft. Bei einem Knochenbruch entsteht aus kleinen Blutungen zwischen den Bruchstellen ein Gerinnsel. Dort bildet sich neues, faseriges Gewebe, »überbrückt« den Spalt zwischen den Knochenstücken und regt das Wachstum von frischem Knochenmaterial an.

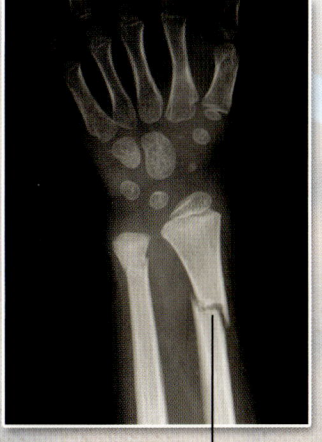

Knochenbruch (Fraktur) der Speiche am Unterarm

http://www.medienwerkstatt-online.de/lws_wissen/vorlagen/showcard.php?id=231&edit=0

DIE MUSKELN

Muskeln erfüllen im Körper viele Aufgaben: Sie wandeln Nährstoffe in Energie und Wärme um. Sie halten dich aufrecht und verhindern, dass deine Gelenke durcheinandergeraten. Sie sorgen dafür, dass du dich bewegen kannst und dass Herz und Magen arbeiten. Dabei reagieren sie immer auf Signale, die vom Gehirn über das Nervensystem an sie gesendet werden.

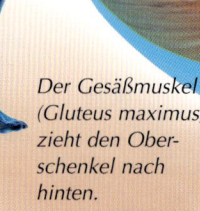

Der Gesäßmuskel (Gluteus maximus) zieht den Oberschenkel nach hinten.

Der Hauptoberschenkelmuskel (Quadriceps femoris) beugt und streckt das Knie.

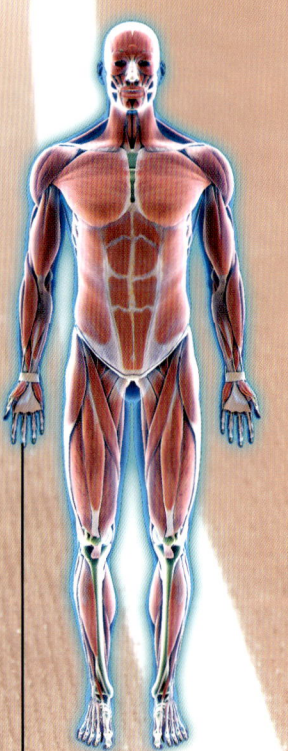

So funktionieren Muskeln

Beim Laufen heben die Muskeln abwechselnd das linke und das rechte Bein an. Dies geschieht durch ein stetiges Beugen und Strecken der Knie sowie das Aufsetzen und Abrollen der Füße. Weil Muskeln nicht schieben, sondern nur ziehen können, arbeiten sie immer in Paaren zusammen. Sobald sich einer der beiden anspannt, entspannt sich der andere – und andersherum.

Der zweiköpfige Wadenmuskel (Gastrocnemius) beugt den Fuß nach unten.

Die Muskeln

Jede deiner Bewegungen verdankst du den 650 Muskeln in deinem Körper. Sie machen fast die Hälfte deines Körpergewichts aus. Man unterscheidet drei Arten von Muskeln: glatte, Skelett- und Herzmuskeln. Am häufigsten sind die Skelettmuskeln.

So ensteht Bewegung

Wenn du den Armmuskel anspannen willst, muss der Befehl dazu vom Gehirn kommen. Das entsprechende Signal wandert über die Nervenstränge zum Bizeps und übermittelt dort den Reiz »Zusammenziehen!«. Jetzt beugt sich der Unterarm am Ellbogen und dreht dabei die Handfläche nach oben.

http://www.mallig.eduvinet.de/bio/muskel5/5muskl.htm

Feste Sehnen verbinden Muskeln und Kniescheibe (Patella).

Skelettmuskeln

Skelettmuskeln sind sehr lang und bestehen aus Faserbündeln (Myofibrillen). Durch feste, aber dehnbare Bänder sind sie miteinander oder mit den Knochen verbunden.

Skelettmuskeln sind »spontan« – wenn man sie bewusst anspannt, funktionieren sie sofort.

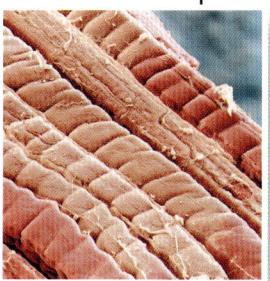

Der Vordere Schienbeinmuskel (Tibialis anterior) hebt den Fuß nach vorne hoch.

Glatte Muskeln

Glatte Muskeln finden sich im Verdauungstrakt sowie in Blase, Gebärmutter, Augen und Atemwegen. Die Zellen dieser Muskelart sind kleiner als die Skelettmuskelzellen.

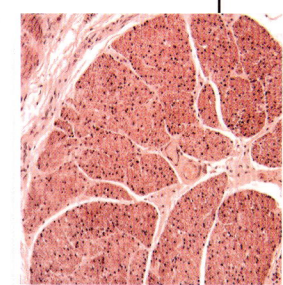

Zahlreiche Muskelfaserbündel bilden zusammen einen Skelettmuskel.

Der Lange Wadenbeinmuskel (Peroneus longus) beugt den Fuß nach unten und außen.

● GESICHTSMUSKELN

Unsere Gesichtsmuskeln sind nicht an Knochen befestigt, sondern meist an der Haut. So kann schon die winzigste Anspannung deinen Gesichtsausdruck verändern! Zu einem Lächeln brauchst du vor allem den Großen Jochbeinmuskel (Zygomaticus major). Und weil ein Lächeln ohne nette Augenfältchen nur halb so schön ist, machen auch die ringförmig um das Auge verlaufenden Augenschließmuskeln (Orbicularis oculi) mit.

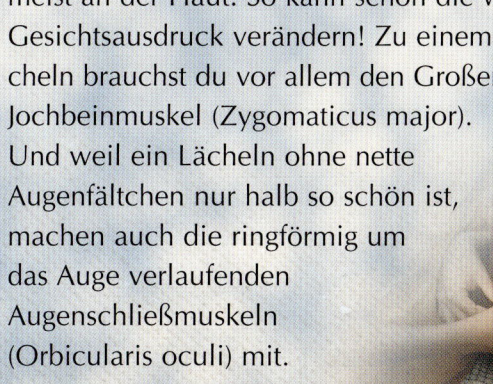

BÄNDER UND GELENKE

BÄNDER – starke Streifen von Bindegewebe, die die Knochen an einem Gelenk zusammenhalten.

Deine Knochen sind durch Gelenke miteinander verbunden. Ohne sie könnten die Muskeln dein Skelett nicht bewegen. Manche Gelenke haben nur einen kleinen Spielraum, andere sind relativ frei beweglich. Bänder aus starkem Gewebe unterstützen die Gelenkknochen und halten sie zusammen.

Scharniergelenk (am Knie) – die Knochen sind so gewölbt, dass sie genau ineinanderpassen.

Gelenke in Bewegung

Das größte Gelenk deines Körpers ist das Scharniergelenk am Knie, das nur Bewegungen nach vorne und hinten zulässt. Am beweglichsten ist das Kugelgelenk wie z.B. die Schulter – du kannst deinen Arm in alle Richtungen drehen. In jedem Gelenk bedeckt weiches Knorpelgewebe das Knochenende. Für die richtige »Schmiere« sorgt die Gelenkflüssigkeit (Synovia).

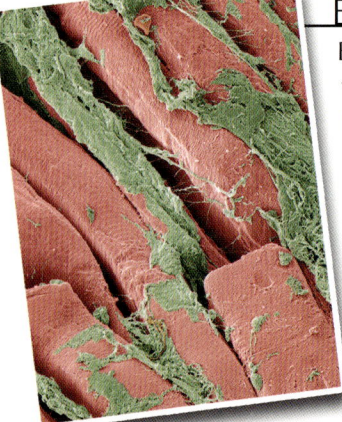

Bänder

Bänder sind widerstandsfähige Faserstränge, welche die Knochen an einem Gelenk miteinander verbinden. Sie sind stark und biegsam und halten die Gelenke gut in ihrer Position. Dieses Bild zeigt die kräftigen Fasern (rosa), aus denen ein Band besteht.

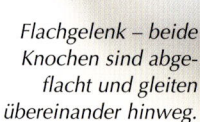

Flachgelenk – beide Knochen sind abgeflacht und gleiten übereinander hinweg.

> Abends sind wir 1 cm kleiner als morgens, weil sich die Gelenkknorpel im Laufe des Tages zusammendrücken.

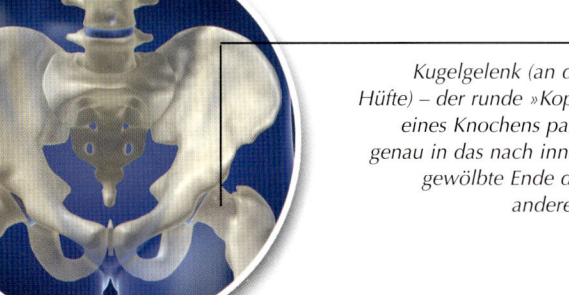

Kugelgelenk (an der Hüfte) – der runde »Kopf« eines Knochens passt genau in das nach innen gewölbte Ende des anderen.

Radgelenk – ein Knochenvorsprung liegt drehbar in der ringförmigen Gelenkpfanne des anderen Knochens.

● WIRBELSÄULE

Die Gelenke der Wirbelsäule verbinden die 33 »übereinandergestapelten« Wirbel des Rückgrats. So wird deine Wirbelsäule biegsam, ist aber auch vor zu großem Druck durch falsche Bewegungen geschützt – z. B. bei einem Unfall. Eine besonders bewegliche Verbindung besteht zwischen den beiden obersten Halswirbeln: Dank dem Radgelenk kannst du nicken, deinen Kopf drehen und in den Nacken legen.

http://www.digitalefolien.de/biologie/mensch/skelett/gelenk.html

Eigelenk (am Handgelenk) – das leicht gewölbte Endstück eines Knochens passt in die Höhlung des anderen.

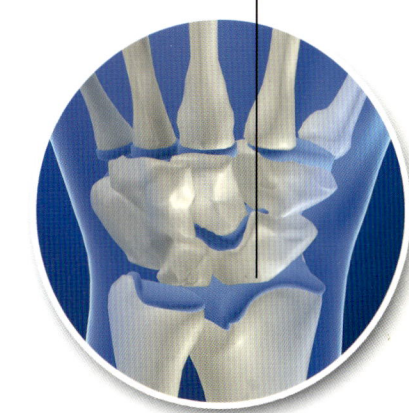

Sattelgelenk (am Fingergelenk) – hat nach innen und nach außen gewölbte Teile und erlaubt Bewegungen nach vorne, hinten und zur Seite.

HAUT, HAARE UND NÄGEL

Das faszinierendste Organ deines Körpers ist gleichzeitig auch sein größtes: die Haut. Als schützende Hülle wehrt sie schädigende äußere Einflüsse ab. Härchen auf der Oberfläche sowie Schweißdrüsen in der Haut sorgen für eine gute Temperaturregelung. Und die Nägel sind nicht nur prima Werkzeuge, sondern dienen vor allem als Schutz für deine empfindlichen Finger- und Zehenkuppen.

Das Kopfhaar speichert Wärme und schützt vor Druck.

Der Haarschaft besteht aus abgestorbenen Zellen und einem harten Protein namens Keratin.

Hautschichten

Ganz außen liegt die wasserundurchlässige Oberhaut (Epidermis). Ihre Zellen werden mit der Zeit abgestoßen und erneuern sich. Die darunterliegende Lederhaut (Dermis) enthält Sinneszellen und Talgdrüsen. In der Unterhaut (Hypodermis) sorgen Schweißdrüsen und fettspeichernde Zellen dafür, dass der Körper warm und gepolstert ist.

Aus den in der Haut verankerten Haarwurzeln wachsen die Haare.

Der Haarschaft ragt aus der Haut heraus.

In der Oberhaut entsteht durch Zellteilung neues Hautgewebe.

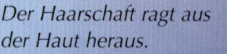

Die Zellen der Oberhaut werden innerhalb von 28 Tagen komplett ersetzt.

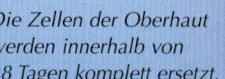

Drüsen in der Unterhaut produzieren Schweiß, der an der Hautoberfläche austritt.

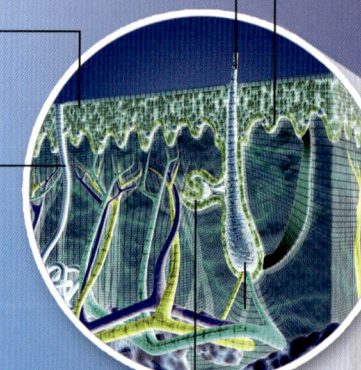

Talgdrüsen in den Haarwurzeln halten Haut und Haare geschmeidig.

Die Hautoberfläche
Hier stößt die Oberhaut (Epidermis) gerade alte Zellen ab, während neue, frische Zellen nachrücken. Die Hornschicht ganz außen (Stratum corneum) besteht also aus toten Zellen.

Die Hautfarbe
Welche Farbe die Haut eines Menschen hat, hängt von ihrem Melaningehalt ab. Dieser ist genetisch festgelegt (siehe Seite 8–9). Aber auch Sonnenstrahlen bräunen die Haut.

 > Der Mensch verliert pro Jahr durchschnittlich ein halbes Kilo Hautzellen!

Die Sinneszellen in der Lederhaut (blau) nehmen Druck und Erschütterung wahr.

Oberhaut (rot)

● DER FINGERABDRUCK

Jeder Mensch besitzt an jeder Fingerkuppe viele dünne Rillen: ein einzigartiges Muster aus Wirbeln, Bögen und Schleifen. Am 13. September 1902 wurde der Engländer Harry Jackson zur kriminalistischen Berühmtheit: Er war der erste Verbrecher, den man aufgrund seines Fingerabdrucks überführte!

Fingernagel aus Keratin

Nagelhaut

Nagelwurzel

Nagelmatrix

Knochen

Fettgewebe

http://www.tivi.de/fernsehen/loewenzahn/bildergalerie/03612/

So ist ein Nagel aufgebaut

Nägel sind harte Hornplatten, die deine empfindlichen Finger- und Zehenspitzen schützen. Ein Nagel wächst, indem sich die Zellen, die unterhalb der Nagelwurzel liegen, nach oben bewegen. Dabei bilden sie eine dichte, stabile Schicht.

DIE BLUTGEFÄSSE

»Blut ist Leben, Mr Renfield.«

Graf Dracula
in »Dracula« von Bram Stoker, 1897

Blut besteht zu über 50 % aus flüssigem Plasma.

Rote Blutkörperchen (Erythrozyten) transportieren Sauerstoff und geben dem Blut seine Farbe.

ADERN – elastische Gewebeschläuche, durch die Blut zum Herzen und von ihm weg fließt.

In deinen Adern (= Blutgefäße) fließen stetig 2 bis 3 Liter Blut. Arterien heißen jene Blutgefäße, die das sauerstoffreiche Blut vom Herzen überall dorthin transportieren, wo es benötigt wird. Sie münden an vielen Stellen in kleinere Arteriolen und zuletzt in haarfeine Kapillaren. Von dort aus bringen dünne Venolen das mittlerweile sauerstoffarme Blut in die größeren Venen. Diese schließen den Kreislauf am Herzen, wo alles wieder von vorne beginnt.

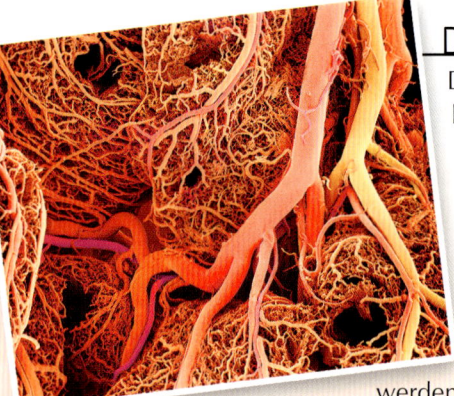

Die Kapillaren

Die Wände der Kapillaren bestehen aus nur einer Zellschicht. Sauerstoff und Nährstoffe können diese hauchdünnen Gefäßwände durchdringen und versorgen so die Körperzellen. Abfallprodukte gelangen auf dem umgekehrten Weg ins Blut und werden darin abtransportiert.

Herz und Blutgefäße

Zum Herz-Kreislauf-System gehören Herz, Blutgefäße und Blut. In den Arterien (rot) transportiert das Blut Sauerstoff und Nährstoffe, in den Venen (blau) Abfallprodukte.

Ein Blutgefäß von innen

Arterien haben dickere Wände als Venen, weil sie den hohen Druck aushalten müssen, der durch den Herzschlag entsteht. Ihre Gefäßwände sind aus mehreren Schichten aufgebaut. Das in den Arterien fließende Blut besteht aus Plasma, in dem unzählige rote Blutkörperchen sowie weiße Blutkörperchen und Blutplättchen schwimmen.

> Würde man alle Blutgefäße eines Menschen hintereinanderlegen, würden sie zweieinhalbmal um den Erdball reichen!

Blutplättchen (Thrombozyten) bewirken, dass das Blut nach einer Verletzung gerinnt.

Dünne, elastische Gewebeschicht

Schützende Außenschicht

Innere Gefäßschicht

Dicke Umhüllung aus Muskelfasern

Weiße Blutkörperchen (Leukozyten) schützen vor Infektionen und eindringenden Fremdstoffen.

www.mallig.eduvinet.de/bio/blut5/blut5.htm

Blutgerinnung

Thrombozyten sorgen für einen schnellen Wundverschluss. Durch das Verklumpen mit anderen Blutkörperchen bildet sich an der Hautoberfläche ein trockener »Schorf«. Unter diesem natürlichen Pflaster kann neue Haut nachwachsen.

ROTE BLUTKÖRPERCHEN

Rote Blutkörperchen (Erythrozyten) sind die zahlreichsten Blutzellen. Sie enthalten Hämoglobin, einen eisenhaltigen Stoff, der dem Blut die rote Farbe gibt und eine wichtige Aufgabe erfüllt: Er bindet und transportiert Sauerstoff. Auf seinem Weg durch die Lunge nimmt das Hämoglobin im Blut Sauerstoff auf. Dieser wird nach und nach an die Körpergewebe abgegeben.

Ein Hämoglobinmolekül

IMMUNSYSTEM

Der Körper ist pausenlos Bakterien, Viren, Pilzen und Parasiten ausgesetzt – und damit ständig in Gefahr, krank zu werden! Dagegen hat unser Körper eine geniale Schutzstrategie entwickelt: das Immunsystem. Dazu gehört die Haut als natürliche Schranke, aber z. B. auch die Lymphe als Transportmittel für Immunzellen. Nur wenn diese Abwehrmaßnahmen versagen, werden wir krank.

IMPFUNGEN

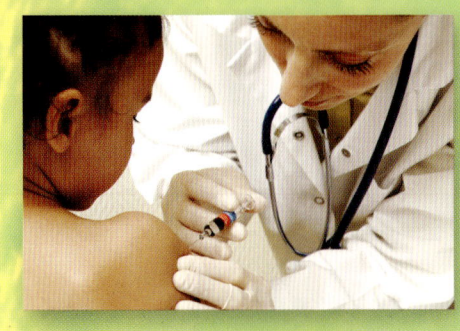

Dieses Mädchen wird gerade gegen MMR (Masern, Mumps, Röteln) geimpft. Durch die Impfung wird ihr Körper sogenannte Antikörper gegen diese drei Krankheiten entwickeln. Ihr Immunsystem kann dann die entsprechenden Erreger frühzeitig erkennen und bekämpfen. Kurz gesagt: Sie wird nicht krank.

Das Lymphsystem

Zum Lymphsystem gehören Lymphgefäße, Lymphknoten, Mandeln, Milz, Thymusdrüse und die Lymphflüssigkeit mit den Lymphozyten. Sie gehören zu den weißen Blutkörperchen (Leukozyten), halten sich aber vor allem im Lymphsystem auf.

Lymphozyt

Lymphknoten

Diese kleinen, knötchenförmigen Schwellungen findet man entlang aller Blutgefäße. Sie produzieren Lymphozyten, die sich in B- und T-Zellen unterteilen. B-Zellen stellen Antikörper her, die eingedrungene Krankheitserreger an die kämpferischen T-Zellen »verraten«.

Lymphozyten vervielfältigen sich in Lymphknoten.

Feste Außenkapsel

Ein Ventil verhindert den Rückfluss der Lymphflüssigkeit.

Mikroskopische Aufnahme von E. coli-Bakterien (blaugrün)

Bakterielle Infektionen

Der Körper ist von vielen harmlosen Bakterienarten bevölkert. Auch E. coli ist fast immer unschädlich. Doch manche E. coli-Arten produzieren ein Gift (Toxin), das gefährliche Durchfälle hervorruft. Im schlimmsten Fall kann das zum Tode führen!

Pilzerkrankungen

Für uns Menschen sind die meisten Pilzarten nützlich – aber manche machen auch krank. Die bekannteste Hautpilzerkrankung ist wohl der Fußpilz. Im Bild oben hat der Erreger einen Zehennagel befallen.

> Im menschlichen Körper befinden sich mehr Bakterien als Zellen!

Antikörper

So arbeiten die B-Lymphozyten

Sie erkennen fremde Mikroorganismen wie z.B. Viren und produzieren Antikörper gegen sie. Hier bedrängen unzählige y-förmige Antikörper vier Viren (links). Sie heften sich an sie und verpassen den Eindringlingen dadurch einen »Stempel«. Nun können die Fresszellen auf sie losgehen.

http://www.medizity.de/bibliothek/themen/koerperabwehr.htm

Weißes Blutkörperchen (Leukozyt)

Virus

Fresszellen

Fresszellen (Phagozyten) haben den Auftrag, alte Ablagerungen und Krankheitserreger zu entfernen. Sie attackieren die feindlichen Stoffe mit Enzymen und machen sie damit unschädlich. Hier verschlingt eine Fresszelle (blau) gerade eine eingedrungene Fremdzelle (gelb). Bald wird sie sie verdaut haben.

»Freiheit ist das ansteckendste Virus, das die Menschheit je befallen hat.«

Hubert H. Humphrey (1911–1978)
38. Vizepräsident der USA (1965–1969)

DAS HERZ

*»Das Herz gibt allem, was der Mensch sieht
und hört und weiß, die Farbe.«*

Johann Heinrich Pestalozzi (1746–1827)
Schweizer Pädagoge

Die Obere Hohlvene (Superior
vena cava) befördert sauerstoffarmes Blut aus den oberen
Körperbereichen.

Auf der linken Seite der Brust, gut geschützt von den Rippen, arbeitet der
Motor deines Körpers: das Herz. Es ist
ein recht kleines Organ, und doch pumpt
es unermüdlich Blut durch die über
100 000 km langen Blutbahnen. Die
Nährstoffe und den Sauerstoff, die das
Blut auf diesem Weg abgibt, braucht
dein Körper zum Leben.

Wie das Herz arbeitet

Dein Herz besteht aus einer besonderen
Art von Muskelgewebe. Es pumpt das
Blut durch vier Hohlräume. Die beiden
oberen Räume heißen Vorhöfe, die
unteren Kammern. Vorhof und Kammer
bilden jeweils eine Einheit und sind
durch Segelklappen, die wie Ventile
wirken, miteinander verbunden.
So fließt das Blut immer in die
richtige Richtung.

**Dein Herz ist ungefähr so
groß wie deine Faust.**

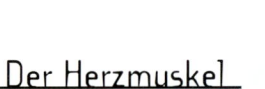

Der Herzmuskel

Herzmuskelgewebe befindet sich
ausschließlich im Herzen. Es ist
extrem kräftig und kann sich
automatisch an- und entspannen.
Verantwortlich für den richtigen
»Takt« sind die sogenannten
Schrittmacherzellen.

Die Lungenvenen (Pulmonal-
venen) bringen sauerstoffreiches
Blut zurück zum Herzen.

Der rechte Vorhof pumpt
sauerstoffarmes Blut in
die rechte Herzkammer.

Sehnenfäden
(Chordae tendineae)

Die rechte Herzkammer (Ventrikel)
pumpt Blut in die Lungenarterien
(Pulmonalarterien).

Die Sehnenfäden

Die Sehnenfäden (Chordae tendineae)
sind saitenartig gespannte Bänder im
Herzen. Sie verbinden die beiden
Segelklappen (zwischen Vorhof und
Kammer) mit der Muskelwand der
Herzkammer. So sorgen sie dafür,
dass sich die Klappen im richtigen
Moment öffnen.

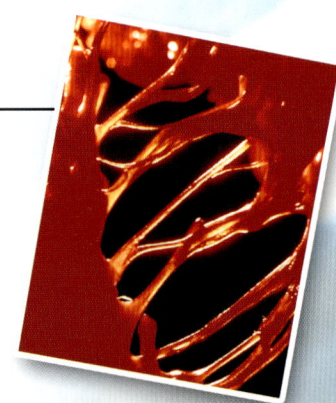

Die Untere Hohlvene
(Inferior vena cava) bringt
sauerstoffarmes Blut aus den
unteren Körperbereichen.

Pulmonalklappe (Taschenklappe
zwischen rechter Herzkammer
und Lungenarterie)

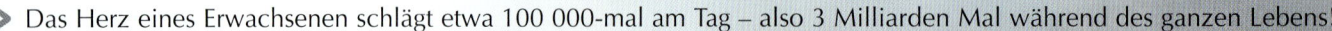

Das Herz eines Erwachsenen schlägt etwa 100 000-mal am Tag – also 3 Milliarden Mal während des ganzen Lebens!

Linke Körperseite

Sauerstoffarmes Blut wird dem Körper von der rechten Herzseite entzogen und in die Lungen gepumpt.

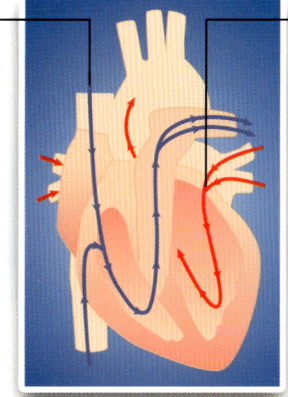

Sauerstoffreiches Blut wird aus den Lungen in die linke Herzkammer gesogen und von dort aus in den Körper verteilt.

Die Aorta ist die Hauptschlagader. Sie bringt sauerstoffreiches Blut aus dem Herzen in den Körper.

Die Lungenarterien (Pulmonalarterien) transportieren Blut in die Lungen.

Lungenvenen

Der linke Vorhof pumpt sauerstoffreiches Blut in die linke Herzkammer.

Aortenklappe (eine Taschenklappe)

Die linke Herzkammer pumpt sauerstoffreiches Blut in die Aorta und den Körper.

Herzwand (Myocardium) aus Muskelgewebe

Die Herzscheidewand trennt die linke und die rechte Herzhälfte voneinander.

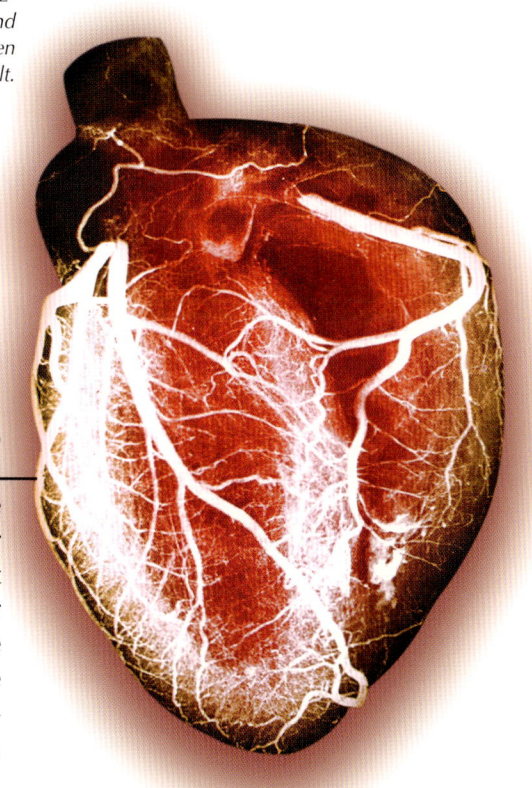

So fließt das Blut im Herzen

Der Herzmuskel ist der einzige Muskel des Körpers, der immer arbeitet, egal ob du wachst oder schläfst. Er braucht dafür viel Sauerstoff und hat seine eigene Blutversorgung – die Herzkranzgefäße (Koronargefäße, weiß dargestellt).

● DER HERZSCHLAG

Rund 90 Mal schlägt dein Herz pro Minute (bei Erwachsenen 70 Mal). Bei jedem Zusammenziehen des Muskels wird ein Blutschwall aus den Herzkammern gepresst. Wie oft dein Herz schlägt, bestimmt das Nervensystem. Bei Angst, Freude oder beim Sport schlägt das Herz schneller, damit mehr Blut und Sauerstoff zur Verfügung stehen.

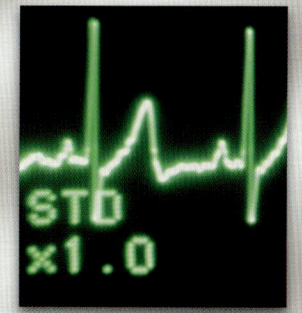

Elektrokardiogramm (EKG) des normalen Herzschlags

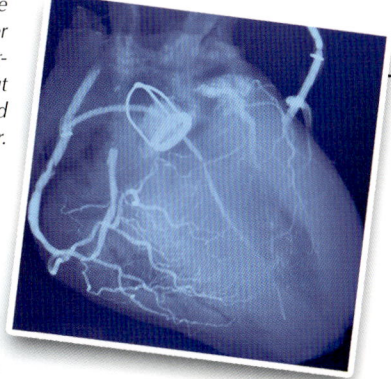

Künstliche Herzklappen

Manchmal ist eine Herzklappe beschädigt. Dann können Ärzte z.B. die Aortenklappe zwischen der linken Herzkammer und der Aorta durch eine künstliche Herzklappe (im Röntgenbild oben links) ersetzen. Sie übernimmt alle Aufgaben der »echten« Klappe.

http://www.digitalefolien.de/biologie/mensch/kreisl/herz.html

LUNGEN UND ATMUNG

Ohne Sauerstoff kann dein Körper nicht leben. Diesen wichtigen Stoff aus der Luft herauszufiltern, übernimmt dein Atmungssystem. Es beginnt beim Einatmen durch Nase und Mund, führt weiter in die Luftröhre (Trachea), von dort in die Bronchien und schließlich in die Lungen. Hier findet der Gasaustausch statt: Luftsauerstoff verbindet sich mit dem Blut, während schädliches Kohlendioxid abgegeben und beim Ausatmen ausgeschieden wird.

Nasenlöcher

Mund

Der Kehldeckel am oberen Ende der Luftröhre verhindert, dass versehentlich Essen hineingerät.

So funktioniert die Atmung

Das Atemwegssystem besteht aus Nase und Mund, Rachen (Pharynx), Kehlkopf (Larynx), Luftröhre (Trachea) und Lungen. Bei jedem Einatmen saugst du sauerstoffreiche Luft durch Mund und Nase ein, welche dann die Lungen füllt. Über die zahlreichen Lungenbläschen (Aveolen) kann der Sauerstoff vom Blut aufgenommen und in alle Körperbereiche verteilt werden.

Kehlkopf (Larynx)

Lungen, geschützt von den Rippen

Hauptbronchien zweigen von der Luftröhre ab und teilen sich in winzige Bronchiolen.

Zwerchfell (Diaphragma) – kuppelförmige Muskelplatte, die die Lungen vom Magen trennt.

Die Luftröhre

Hufeisenförmige Knorpelteile sorgen dafür, dass die Luftröhre (Trachea) als wichtige Luftleitung stets frei bleibt. Schleimbildende Drüsen befeuchten die Luft, während sie durch die Luftröhre gesogen wird.

> **LUNGEN** – *zwei dehnbare Organe, die dem Körper frische Luft zuführen und verbrauchte Luft ausstoßen.*

Ein- und Ausatmung

Beim Einatmen drückt das Zwerchfell nach unten, die Muskeln zwischen den Rippen drücken nach außen. Luft wird durch die Atemwege eingesaugt: Die Lungenflügel weiten sich. Beim Ausatmen drückt das Zwerchfell nach oben und verbrauchte Luft wird ausgestoßen: Die Lungenmuskulatur erschlafft.

Saubere Atemwege

In deiner Nase filtern feine Flimmerhärchen (Zilien) die Atemluft. Mit jedem Atemzug bewegen sich die Härchen vor und zurück und »fangen« Staub sowie andere Fremdkörper ein. Durch Mund und Nase gelangen diese Abfälle nach draußen oder werden hinuntergeschluckt.

In jeder Lungenhälfte sitzen bis zu 400 Millionen Alveolen!

Bronchien und Bronchiole

Im Inneren der Lungen verzweigen sich die beiden Hauptbronchien in viele kleinere Bronchiolen. Diese münden in den feinen Lungenbläschen (Alveolen), in denen der lebenswichtige Gasaustausch stattfindet. Die Alveolen sind umgeben von hauchdünnen Blutgefäßen (Kapillaren). Ihre Hülle ist so zart, dass Gase (z. B. Sauerstoff) ganz leicht hindurchwandern können.

Das Gebilde aus Bronchien, Bronchiolen und Alveolen erinnert an einen Baum.

Alveolen, nur eine Zellschicht dünn

Die Traubenform sorgt für eine möglichst große Oberfläche beim Gasaustausch.

SPRECHEN – EINE FRAGE DER LUFT

Wenn die Luft aus den Lungen strömt, streift sie die Stimmbänder im Kehlkopf. Diesen Luftstrom kannst du aktiv in Laute umwandeln, indem du den Kehlkopf auf »eng« oder »weit« stellst. Zunge, Zähne und Lippen formen aus den Tönen schließlich ganze Wörter. Übrigens: Beim Telefonieren sind die Laute F und S nicht unterscheidbar. Probier es mal aus!

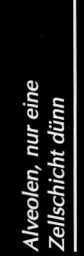

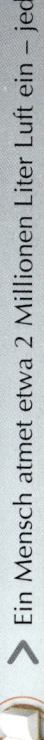
Ein Mensch atmet etwa 2 Millionen Liter Luft ein – jeden Tag!

Nervengewebe ist aus zwei unterschiedlichen Zellarten aufgebaut: Neuronen (siehe unten) und Gliazellen. Neuronen übertragen Nervenimpulse, Gliazellen versorgen sie dabei.

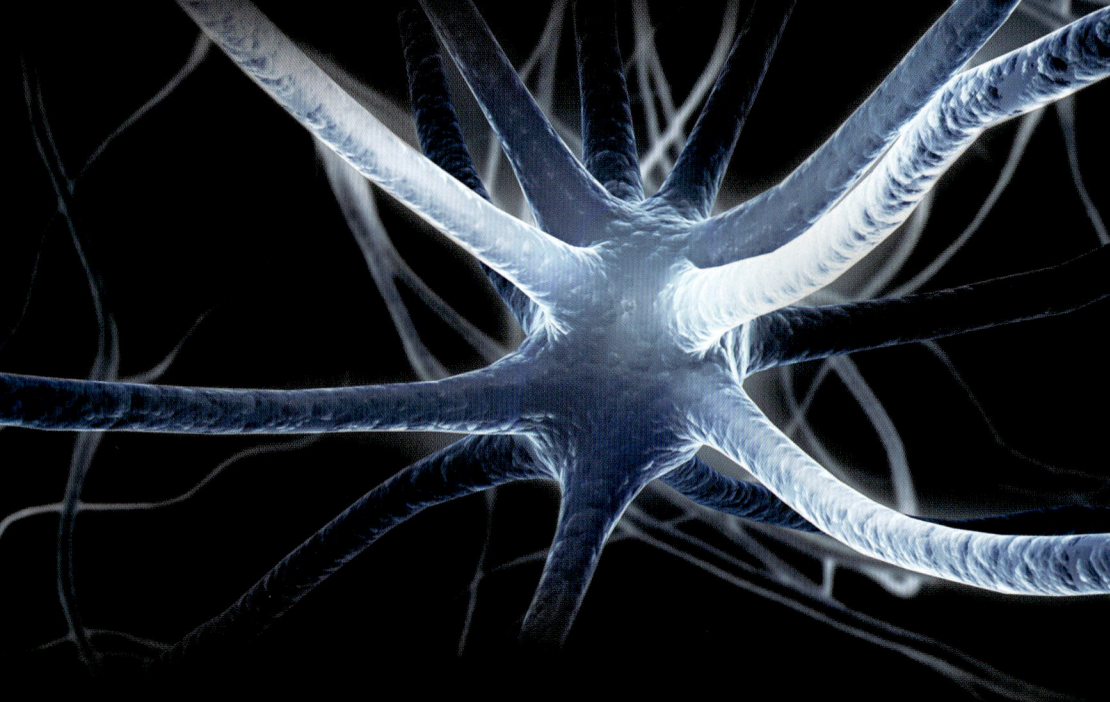

REFLEXE

Das Rückenmark kontrolliert unfreiwillige Bewegungen – die Reflexe. Dazu gehört z. B. der Lidschlussreflex oder das blitzschnelle Zurückziehen der Hand von der heißen Herdplatte. Die hierfür verantwortlichen Signale sparen sich den langen Weg ins Gehirn, deshalb reagierst du sofort. Es gibt auch Reflexe, die ständig ablaufen: Sie steuern z. B. Verdauung und Blutdruck.

Rennfahrer benötigen besonders schnelle Reflexe.

NERVEN UND REFLEXE

Drei verschiedene Arten von Nervenzellen (Neuronen) übermitteln deinem Körper Signale: Sensorische Neuronen reagieren auf Berührung, Geschmack, Geruch und Geräusche. Interneuronen im Gehirn und Rückenmark werden von artgleichen und sensorischen Neuronen angeregt. Motorische Neuronen erhalten ihre Reize von allen anderen Neuronen. Sie übertragen Signale aus dem Zentralen Nervensystem an deine Muskeln und Drüsen – die dann entsprechende Aktionen ausführen.

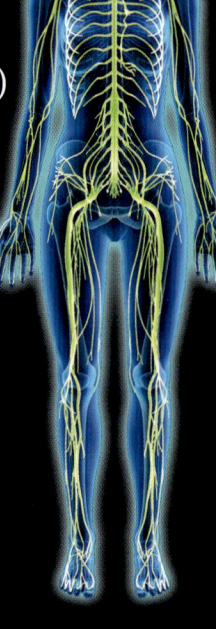

»Meine Reflexe sind miserabel. Einmal wurde ich überfahren, weil zwei Typen mich geschubst hatten.«

Woody Allen (* 1935)
Amerikanischer Schauspieler, Komödiant und Regisseur

Das Nervensystem

Dein Nervensystem ist ein riesiges, geniales Neuronennetzwerk. Es besteht aus Gehirn und Rückenmark. Durch die Übertragung von Signalen in Form von Nervenimpulsen herrscht ein stetiges Sammeln und Weitergeben von Informationen. So entsteht Bewegung.

> NERV – Bündel aus Fasern, die Impulse übermitteln.

> Nervenbahnen von fast 75 km Länge durchziehen deinen Körper!

Axone, die langen Fortsätze der Neuronen, übermitteln Nervenimpulse. Ein Axon, welches das Rückenmark mit dem Fuß verbindet, kann 1 m lang werden!

Eine schützende Hülle (Myelinscheide) umgibt das Axon. Sie dient als Isolierschicht und verbessert das Leitvermögen.

Neuronen

Jedes Neuron hat einen Zellkörper mit kurzen »Fühlern« (Dendriten), die Nervenimpulse von umliegenden Neuronen aufschnappen. Über einen langen Zellfortsatz, das Axon, werden die Impulse weitergeleitet und können auf andere Dendriten überspringen.

http://www.wdr.de/tv/wissen-macht-ah/archiv/kuriosah/reflexe.phtml

Nervenimpulse

Wenn Neuronen angeregt werden, beginnt in ihnen eine chemische Reaktion. Es entstehen elektrische Wellen, die wiederum andere Neuronen anregen: Nervenimpulse. Diese können positiv oder negativ geladen sein. Positive Ladungen »erregen« die Zelle, sodass sie in Aktion gerät. Negative Ladungen heben die Wirkung der positiven wieder auf.

Dendrit – ein »Fühler« am Zellkörper

An den Synapsen werden Nervenimpulse in chemische Signale umgewandelt.

Chemische Botenstoffe springen auf die Rezeptoren über, um den Impuls an die nächste Zelle weiterzugeben.

Rezeptor

Aufbau einer Nervenzelle

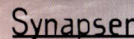

Synapsen

Diese Aufnahme zeigt zwei verzweigte Nervenfasern (lila), die sich mit der Oberfläche einer anderen Nervenzelle verbinden. Den Ort, an dem sie »andocken«, nennt man Synapse. Impulse laufen an den Nervenfasern entlang und können auf andere Synapsen überspringen.

GEHIRN UND RÜCKENMARK

Dein Nervensystem wird vom Gehirn gesteuert: Vom Zwinkern bis zur mathematischen Problemlösung passieren hier alle wichtigen Dinge. Dein Gehirn ist sehr empfindlich und wird deshalb von drei festen Hirnhäuten sowie dem harten Schädelknochen geschützt. Ein dickes Bündel von Nervenfasern, das Rückenmark, reicht vom Hirn bis zum unteren Rückenende. Es transportiert Signale in den ganzen Körper.

Das Großhirn

Es besteht aus zwei Schichten: außen die Großhirnrinde (Kortex), auch Graue Substanz genannt, darunter die Weiße Substanz, die für die Weiterleitung von Informationen zuständig ist.

Großhirnrinde (Graue Substanz)

Weiße Substanz

Die linke Hirnhälfte kontrolliert die rechte Körperseite, die rechte Hirnhälfte die linke Körperseite.

Das Kleinhirn (Cerebellum) ist für Koordination und Gleichgewichtssinn zuständig.

Der Hirnstamm verbindet das Gehirn mit dem Rückenmark.

»Ein ungeübtes Gehirn ist schädlicher für die Gesundheit als ein ungeübter Körper.«

George Bernard Shaw
Irischer Schriftsteller und Nobelpreisträger (1856–1950)

So arbeitet das Gehirn beim Lesen

Alle Eindrücke, die deine Augen aufnehmen, werden zum Großhirn weitergeleitet. Es ist zuständig für das Denken, die Logik, das Erinnerungsvermögen und auch die Muskelbewegung. So kommt es, dass beim Lesen eines lustigen Buches genau jene Muskeln angesprochen werden, die auch ein Lachen hervorrufen!

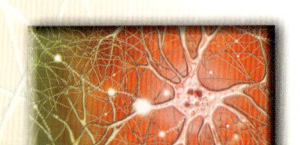

> GRAUE SUBSTANZ - *liegt am Gehirn außen und im Rückenmark innen*

SCHLAFFORSCHUNG

Während du schläfst, verarbeitet dein Gehirn alle Eindrücke des Tages. Es gibt zwei Schlafphasen: den leichten REM-Schlaf (Rapid Eye Movement = schnelle Augenbewegung) und den tiefen Non-REM-Schlaf (= keine Augenbewegung). Während des Non-REM-Schlafs bewegt sich dein Körper, im REM-Schlaf zucken deine Augäpfel unter den geschlossenen Lidern hin und her – du träumst.

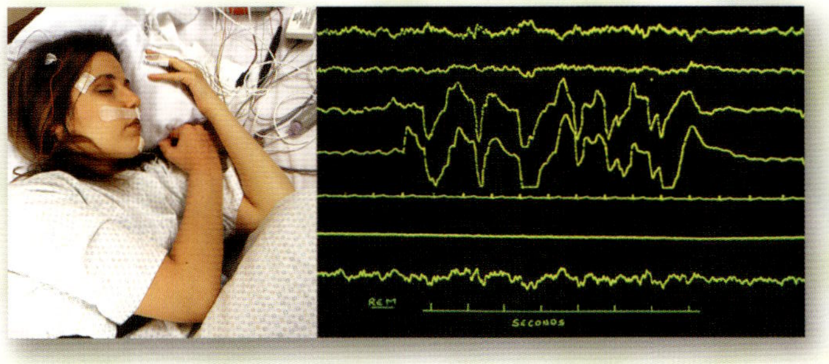

Hirnaktivität während des REM-Schlafs

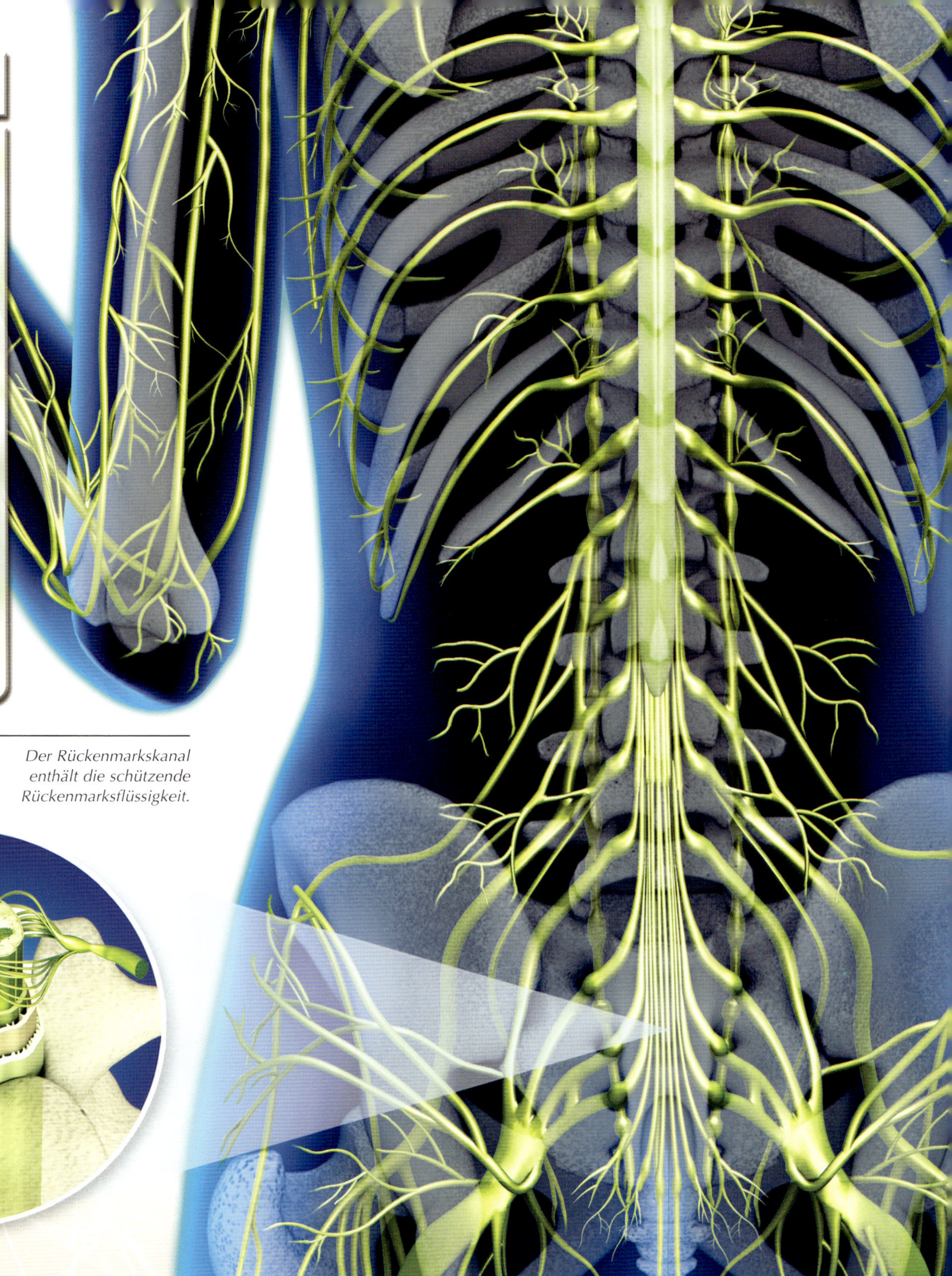

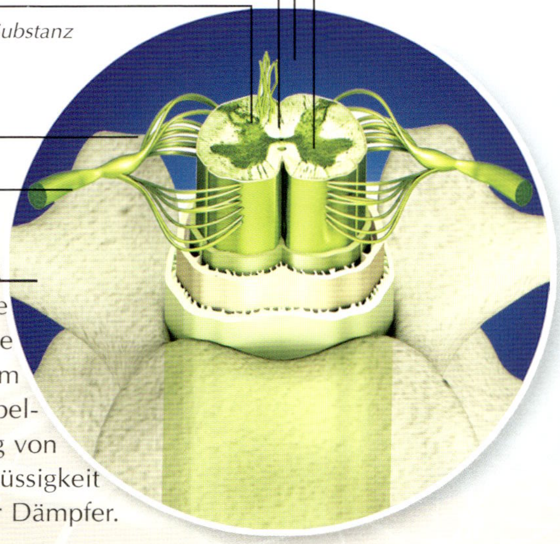

Der Rückenmarkskanal enthält die schützende Rückenmarksflüssigkeit.

Nervenfasern

Graue Substanz

Weiße Substanz

Rückenwirbel

Spinalnerv

Das Rückenmark

Dein Rückenmark ist die »Datenautobahn«, auf der alle Informationen vom und zum Gehirn unterwegs sind. Die Wirbelsäule schützt den Nervenstrang von außen, die Rückenmarksflüssigkeit wirkt als zusätzlicher Dämpfer.

❯ Das Gehirn schickt pausenlos elektrische Impulse durch den Körper – mit einer Geschwindigkeit von bis zu 480 km/h!

FÜHLEN, RIECHEN, SCHMECKEN

SPEICHEL – von Speicheldrüsen produzierte Flüssigkeit, die den Mund feucht hält.

Der Tastsinn ist überall auf deinem Körper verteilt – hauptsächlich an den mit Haut bedeckten Stellen. Durch ihn kannst du Druck, Temperaturen und auch Schmerz spüren. Geschmacks- und Geruchssinn dagegen befinden sich jeweils an nur einem Ort: im Mund und in der Nase. Durch sie kannst du Tausende von Geschmacksrichtungen und Gerüche unterscheiden.

Reaktionen auf Schmerz

Die Nervenenden in deiner Oberhaut sind sehr empfindsam. Wenn dir z.B. beim Kochen heißes Wasser auf die Hand spritzt, rast blitzschnell das Signal »Zurückziehen« vom Rückenmark zur Hand. Das Gehirn ist an diesem Schutzreflex nicht beteiligt – es muss schließlich schnell gehen!

Unsichtbare Geruchsmoleküle in der Luft reizen die Nervenzellen. Diese entscheiden dann in Zusammenarbeit mit dem Gehirn, mit welchem Geruch sie es zu tun haben.

»Über Geschmack kann man streiten. Oder auch nicht.«
Werner Mitsch (geb. 1936)
Deutscher Verfasser von Sinnsprüchen

🔴 ESSEN UND TRINKEN

Wenn es um Essen oder Trinken geht, sind immer der Geschmacks- und der Geruchssinn gefragt. Geschmacksknospen an der Zunge und Riechnerven in der Nase sammeln alle dafür wichtigen Informationen. Sensible Nervenenden an Lippen und Mund prüfen außerdem, ob die Nahrung zu heiß oder zu kalt ist.

Ein Koch probiert, ob das Essen gut gewürzt ist.

> Die höchste jemals gemessene Geschwindigkeit beim Niesen betrug 165 km/h!

http://www.tivi.de/fernsehen/loewenzahn/bildergalerie/00328/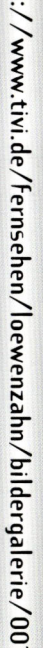

So funktioniert das Riechen

Beim Einatmen durch die Nase strömt Luft in deine Nasenhöhle. Dort wird sie von den Flimmerhärchen (Zilien) gefiltert. Der Schleim in der Nase transportiert dabei Geruchsmoleküle zu den Riechnerven. Diese leiten die Information an den sogenannten Riechkolben im Gehirn, der den Geruch dann identifiziert.

Die mikroskopisch kleinen Flimmerhärchen (Zilien) sind bedeckt von zähem Schleim, der Staub und andere »Eindringlinge« einfängt.

Stirnhöhle – Raum zwischen den Schädelknochen

Der Riechkolben (Bulbus olfactorius) schickt Impulse von den Rezeptoren zum Gehirn.

Rezeptoren an den Riechhärchen können 10 000 verschiedene Gerüche unterscheiden.

Luft strömt durch die Nasenlöcher in die Nasenhöhle.

Nasenhöhle

Kieferknochen

Die Riechhärchen

Winzige Nervenfortsätze, die Riechhärchen, ragen überall in deine Nasenhöhle hinein. Sie erkennen chemische Stoffe und führen deren Informationen in den oberen Bereich der Nasenhöhle weiter. Von dort aus ist der Weg ins Gehirn nur noch kurz.

Auf der Zunge, im Mund und im Kehlkopf sitzen etwa 10 000 Geschmacksknospen.

Spitze Papillen auf der Zungenoberfläche tasten den Mundinhalt ab.

Über die ganze Zunge sind Nerven verteilt, die Geschmacksinformationen sammeln.

n der Geschmacksknospe liegen die Geschmackszellen.

Die Geschmacksknospen

Beim Essen oder Trinken erkennen Geschmackszellen in den Geschmacksknospen chemische Stoffe. Über Nervenzellen erreicht die Information dein Gehirn und wird dort in Geschmacksrichtungen eingeteilt.

Kehlkopf

SEHEN UND HÖREN

HORNHAUT – der durchsichtige vordere Teil der äußeren Augenhaut, durch den Licht ins Auge fällt.

Sehen und Hören sind deine wichtigsten Sinne. Beide versorgen auf unterschiedliche Weise das Gehirn mit Informationen: Das Auge verwandelt Lichtstrahlen in Nervenimpulse. Diese werden vom Gehirn zu jenen Bildern verarbeitet, die du siehst. Das Ohr verarbeitet Schallwellen, die im Gehirn zu Tönen umgewandelt werden.

Das Trommelfell trennt den Gehörgang vom Mittelohr.

Ohrmuschel

Der Gehörgang produziert Ohrenschmalz zur Reinigung des Ohrs.

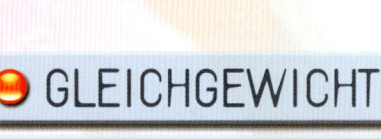

GLEICHGEWICHT

Deine Ohren sind auch Gleichgewichtsorgane! Im Innenohr sind dafür drei halbkreisförmige Kanäle (Bogengänge) und zwei Kammern zuständig. Sie informieren das Gehirn pausenlos über deine Körperhaltung und alle Bewegungen.

Ein Gleichgewichtskunststück

So funktioniert das Sehen

Licht, das von Gegenständen zurückgeworfen wird, fällt durch deine Pupille auf die Augenlinse. Diese überträgt alles, was du siehst, auf die Netzhaut im hinteren Augenbereich. Von dort leitet der Sehnerv das Signal an das Gehirn weiter.

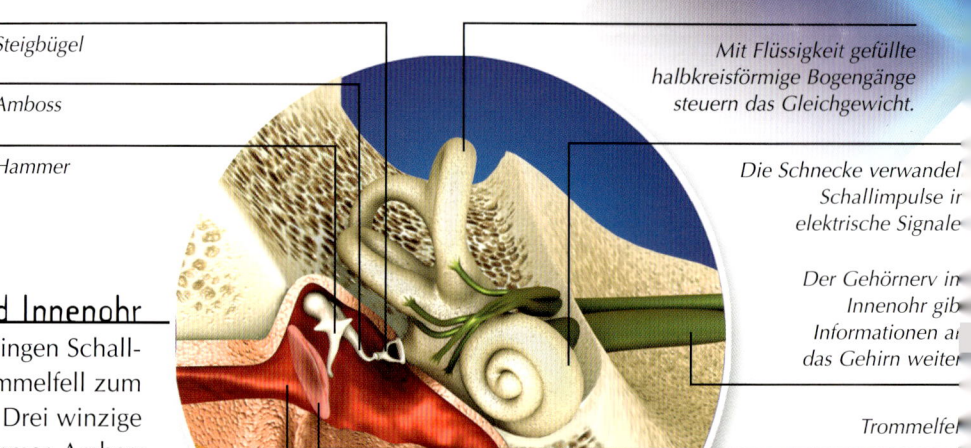

Steigbügel

Amboss

Hammer

Mit Flüssigkeit gefüllte halbkreisförmige Bogengänge steuern das Gleichgewicht.

Die Schnecke verwandel Schallimpulse in elektrische Signale

Der Gehörnerv in Innenohr gib Informationen an das Gehirn weiter

Trommelfel

Gehörgang

Ohrtrompete (Eustachische Röhre

Mittelohr und Innenohr

Im Mittelohr bringen Schallwellen das Trommelfell zum Schwingen. Drei winzige Knochen – Hammer, Amboss, Steigbügel – leiten die Schwingungen ins Innenohr. Von dort wandern sie über Nervenzellen und Hörnerv zum Gehirn.

> Dein Auge kann bis zu 10 Millionen verschiedene Farben erkennen!

Tränendrüsen erzeugen Tränen zur Befeuchtung und zum Schutz der Augen.

Die geleeartige, klare Masse im Auge nennt man Glaskörper.

Schutz für die Augen

Augenlider und Wimpern schützen vor Schmutz und zu hellem Licht. Die Lider verteilen außerdem bei jedem Zwinkern Tränenflüssigkeit über das Auge. So werden Fremdkörper schnell »weggewaschen«.

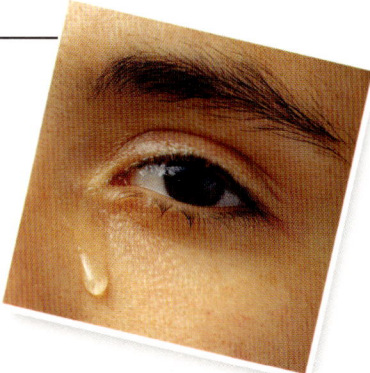

Am »blinden Fleck« tritt der Sehnerv aus dem Augapfel aus.

Der Sehnerv leitet Botschaften an das Gehirn weiter.

Die robuste weiße Lederhaut schützt den Augapfel.

Die Hornhaut schützt darunterliegendes Gewebe.

Aufbau des Auges

Die Pupille in der Mitte deiner Iris entscheidet darüber, wie viel Licht ins Auge fällt. Die Hornhaut bündelt die Lichtstrahlen zusammen mit der Linse. Das Bild, das du siehst, entsteht auf der Regenbogenhaut im Augenhintergrund.

Durch die Pupille dringt Licht ins Auge.

Die Iris gibt dem Auge seine Farbe.

Die Linse bündelt das einfallende Licht.

Die Netzhaut enthält lichtempfindliche Zellen.

Stäbchen und Zapfen

Die lichtempfindlichen Zellen der Netzhaut heißen Stäbchen und Zapfen: 120 Millionen Stäbchen reagieren auf schwaches Licht, etwa 7 Millionen Zapfen lassen uns bei hellem Licht Farben wahrnehmen.

Stäbchen (blau)

Zapfen (grün)

Das Bild auf der Netzhaut steht auf dem Kopf, doch unser Gehirn sorgt dafür, dass wir es richtig herum sehen.

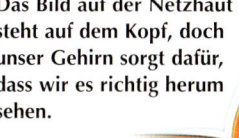

Das Bild auf der Netzhaut ist verkleinert und steht auf dem Kopf.

Ein Objekt wirft das Licht zurück.

Kurz- und Weitsichtigkeit

Bündeln Hornhaut und Linse die Lichtstrahlen zu spät, treffen diese erst hinter der Netzhaut zusammen. Diese Weitsichtigkeit lässt nahe Gegenstände verschwommen erscheinen. Werden die Strahlen zu früh gebündelt, treffen sie schon vor der Netzhaut zusammen: Bei Kurzsichtigkeit erscheinen entfernte Dinge unscharf.

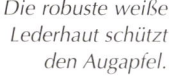

DRÜSEN UND HORMONE

Das Hormonsystem (endokrines System), besteht aus Drüsen, die über deinen ganzen Körper verteilt sind. Sie geben chemische Botenstoffe – die Hormone – in die Blutbahn ab. Bestimmte Zielzellen, die überall im Körper sitzen, reagieren auf die Hormone. Sie bewirken z. B., dass du wächst. Auch Stoffwechsel und Fortpflanzung werden von Hormonen gesteuert.

Die Schilddrüse steuert den Stoffwechsel.

Die Nebenschilddrüse sorgt dafür, dass genügend Kalzium im Blut ist.

Niere (siehe Seite 40-41)

Die Nebenniere steuert unter anderem den Blutdruck.

Eierstöcke (Ovarien) – weibliche Geschlechtsorgane, die Hormone und Eizellen zur Fortpflanzung produzieren.

Farbige Mikroskopaufnahme einer Hormonzelle

Hormondrüsen und Hormonzellen

Drüsen sind kleine Organe, die einen bestimmten Stoff, z. B. ein Hormon, bilden und aus ihrer Öffnung ausstoßen. Doch nicht alle Hormone werden in Drüsen hergestellt. Manche werden auch in Hormonzellen (endokrinen Zellen) gebildet und verteilen sich dann im Gewebe.

Weibliche Drüsen

Die meisten Drüsen sind bei Frauen und Männern gleich: Hypothalamus, Hirnanhangsdrüse, Bauchspeicheldrüse usw. Frauen haben zusätzlich Eierstöcke, in denen weibliche Geschlechtshormone (Östrogen, Progesteron) gebildet werden.

> Lachen verringert die Zahl der Stresshormone und stärkt so das Immunsystem!

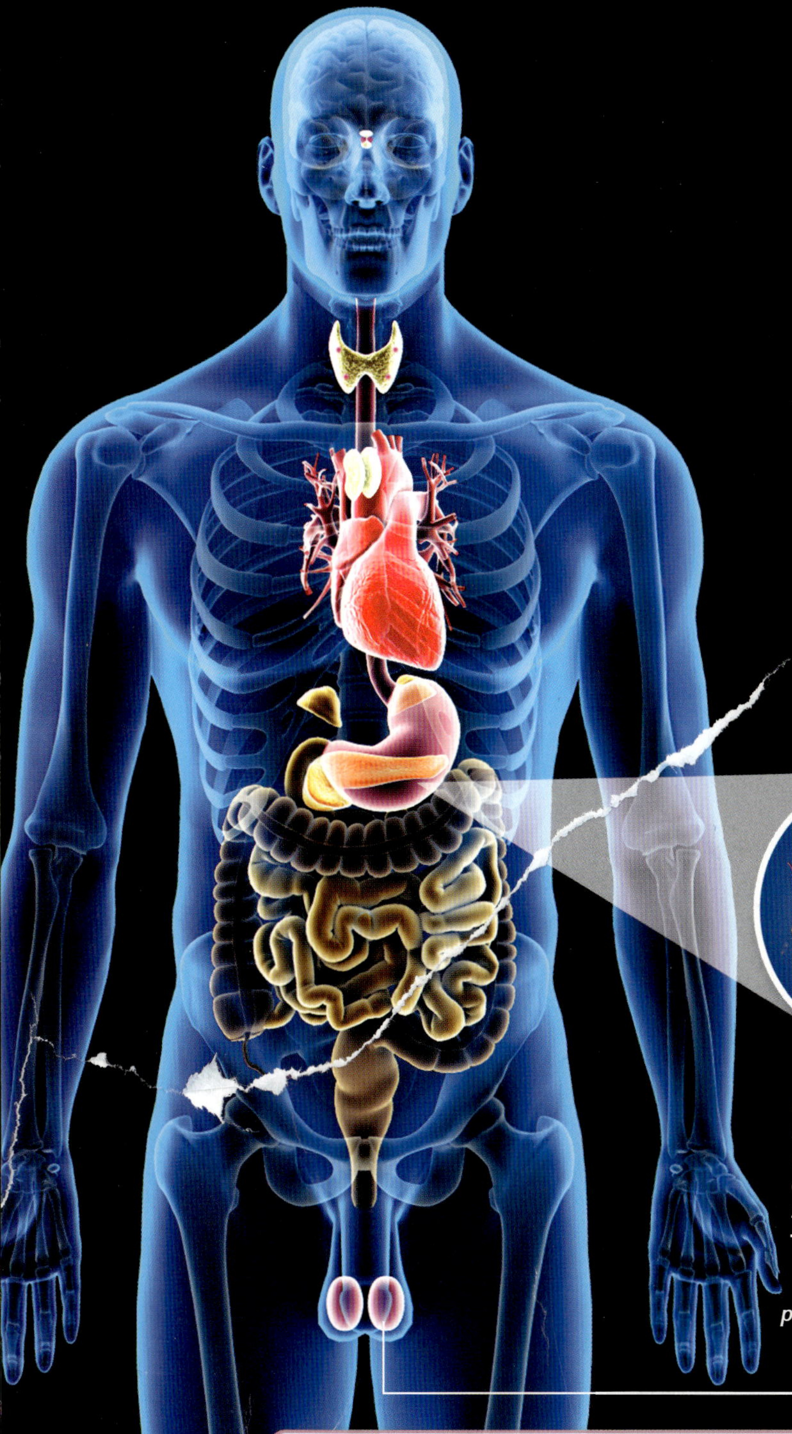

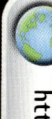

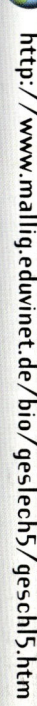

Drüsen im Gehirn

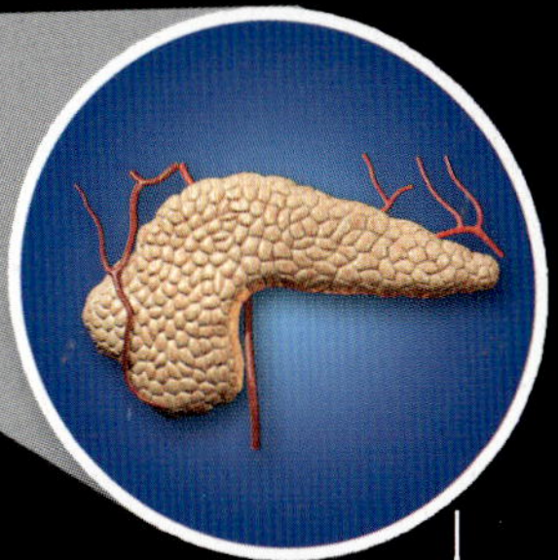

Die Nervenzellen im Hypothalamus steuern die Hormonproduktion der nur erbsengroßen Hirnanhangsdrüse. Obwohl sie so winzig ist, nennt man sie oft »Hauptdrüse«, weil sie Hormone produziert, die wiederum andere Drüsen steuern.

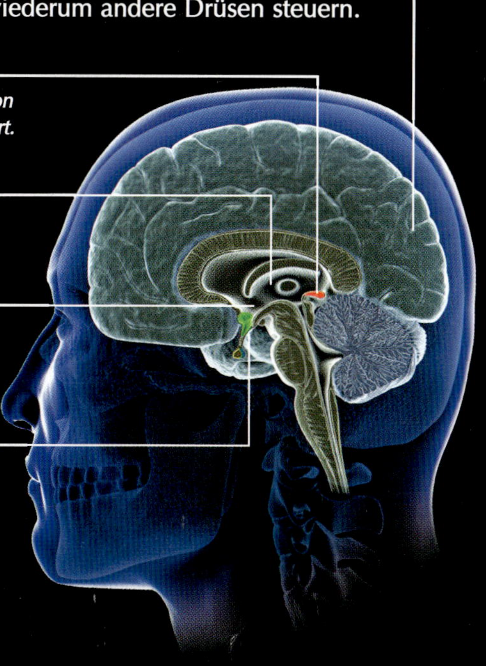

Die Zirbeldrüse sondert ein Hormon ab, das das Schlafbedürfnis reguliert.

Thalamus

Der Hypothalamus ist die Hauptverbindung zwischen Hormon- und Nervensystem.

Hirnanhangsdrüse

Die Hormone der Bauchspeicheldrüse (Pankreas) regulieren den Blutzuckerspiegel.

Die Hoden (Testikel) produzieren männliche Geschlechtshormone und Samenzellen.

Männliche Drüsen

Männer haben keine Eierstöcke. Die männlichen Geschlechtshormone – die sogenannten Androgene – werden in den Hoden (Testikeln) gebildet. Das wichtigste Androgen heißt Testosteron.

ADRENALIN

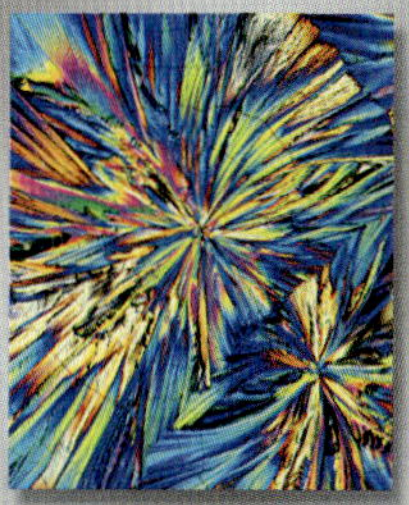

Adrenalinkristalle

Adrenalin wird in den Nebennieren gebildet. Bei Aufregung oder Stress gelangen große Mengen dieses Hormons in die Blutbahn. Das erweitert die Luftwege in der Lunge und setzt Zucker aus der Leber frei. Dadurch werden die Muskeln stärker durchblutet und können besser arbeiten.

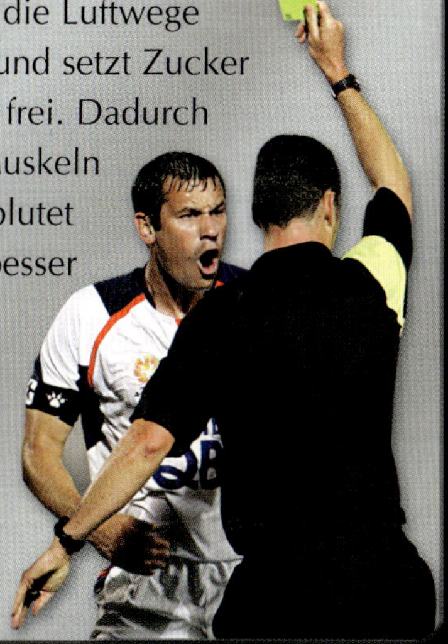

Wut und Angst sind starke Gefühle. Sie bewirken, dass Adrenalin ins Blut ausgeschüttet wird.

http://www.mallig.eduvinet.de/bio/geslech5/gesch15.htm

DIE VERDAUUNG

Alles, was du isst oder trinkst, muss vom Verdauungssystem in einzelne Bestandteile zerlegt werden – sonst kann der Körper die Nährstoffe nicht verwerten. Dazu wird die Nahrung erst einmal gut zerkaut. Wenn du sie hinuntergeschluckt hast, rutscht sie durch die Speiseröhre in den Magen. Dort verarbeiten Verdauungssäfte alles zu einem Brei, der in den Dünndarm wandert. Hier werden die Nährstoffe aufgenommen, bevor der Rest zur weiteren Verarbeitung in den Dickdarm gelangt.

»Glück, das ist ein dickes Bankkonto, ein guter Koch und eine gute Verdauung.«

Jean-Jacques Rousseau (1712–1778)
Philosoph des 18. Jahrhunderts

AUSGEWOGENE ERNÄHRUNG

Damit du gesund bleibst, muss deine Ernährung Kohlenhydrate und Fette als Energielieferanten enthalten sowie Eiweißstoffe (Proteine) für Wachstum und Heilung. Lebenswichtig sind auch Vitamine und Mineralien: Kalzium für Knochen, Zähne, Muskeln und Nerven; Eisen für das Blut; Jod für den Stoffwechsel; Natrium, Kalium und Chlorid für Muskeln und Nerven. Ballaststoffe helfen dem Darm bei seiner Arbeit.

Getreide und Kartoffeln sind reich an Kohlenhydraten, Milch, Fleisch und Fisch sind eiweißreich. Obst und Gemüse enthalten viele Vitamine.

Das Verdauungssystem

Es besteht aus verschiedenen Organen, die durch einen langen Schlauch verbunden sind. Dazu gehören Magen und Darm ebenso wie Bauchspeicheldrüse und Leber. Auf dem Weg durch den Körper werden Nährstoffe aufgenommen und »verdaut«, also verarbeitet.

Zähne und Speichel

Während deine Zähne die Nahrung zerkleinern, sondern die Speicheldrüsen Speichel ab. Diese Flüssigkeit befeuchtet die Nahrung, damit du sie leichter schlucken kannst. Deine 20 ersten Milchzähne werden nach und nach durch 32 bleibende Zähne ersetzt.

Bleibender Zahn

Milchzahn

Die Zähne zerkleinern die Nahrung vor dem Schlucken.

Muskeln in der Speiseröhre befördern die Nahrung hinunter in den Magen.

> VERDAUUNG - *Vorgang, der Nahrung zerlegt und Nährstoffe in die Blutbahn bringt.*

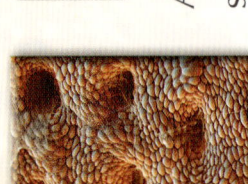

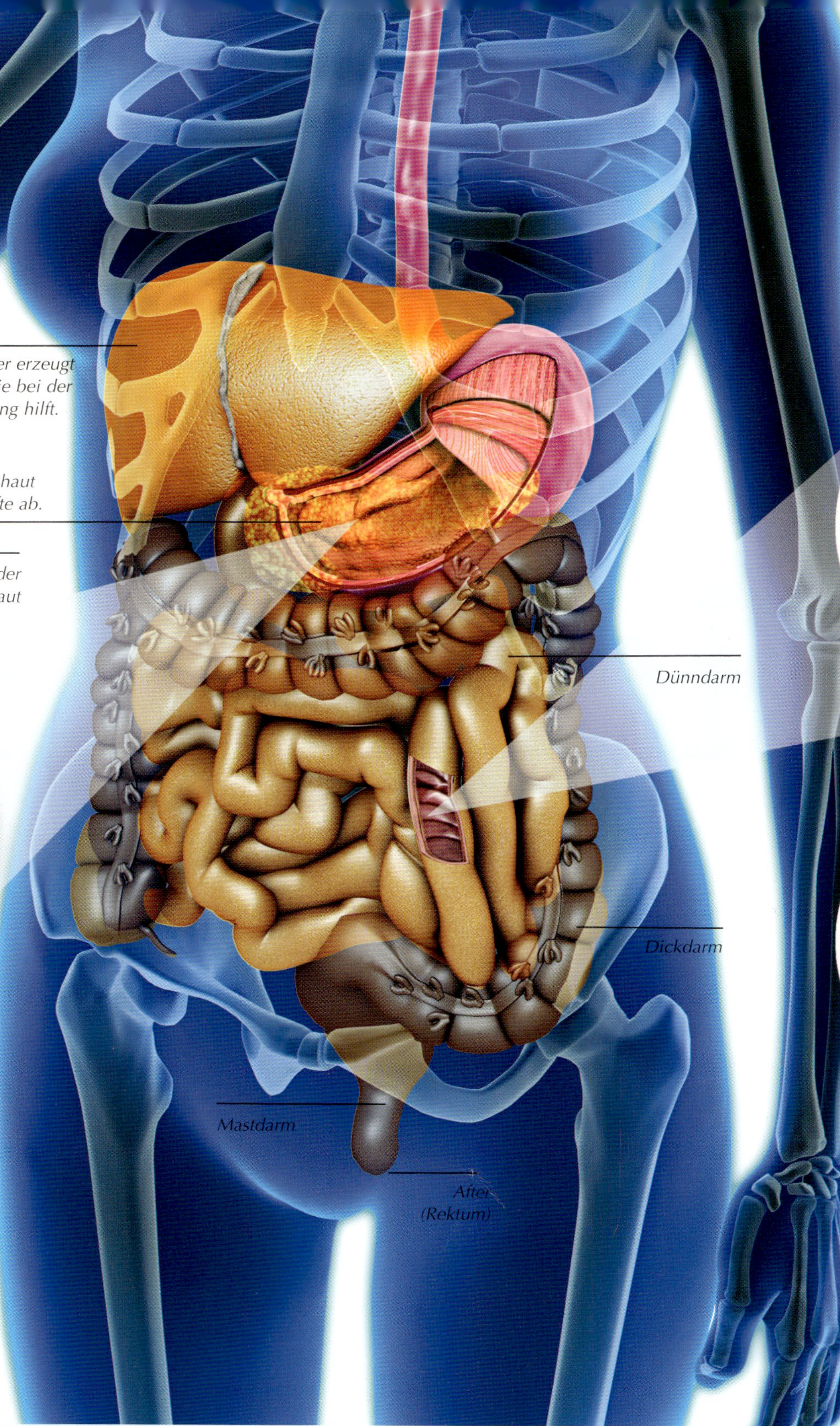
Die Leber erzeugt Galle, die bei der Verdauung hilft.
Die Magenschleimhaut gibt Verdauungssäfte ab.
Dünndarm
Dickdarm
Mastdarm
After (Rektum)

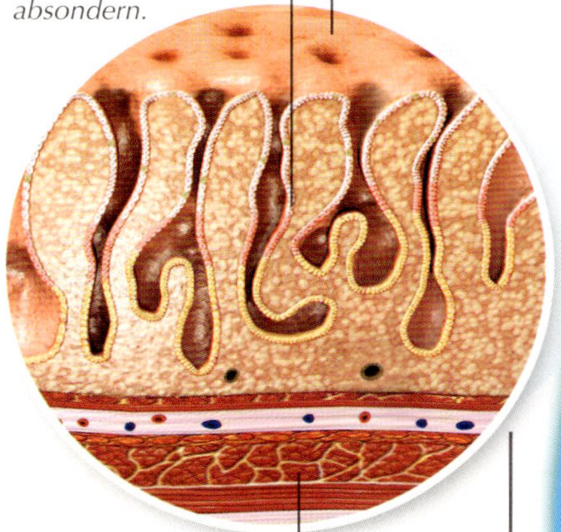
In den tiefen Falten der Magenschleimhaut sitzen Drüsen, die Magensäure absondern.
Innenseite der Magenschleimhaut
Muskulöse Magenwand

Die Magenwand

Sie besteht aus drei Schichten von glatten Muskeln. Diese zerdrücken die Nahrung mithilfe der Verdauungssäfte zu einem feinen Brei. Das dauert mehrere Stunden. Eine dicke Magenschleimhaut auf der Innenseite schützt den Magen davor, sich selbst zu verdauen.

Darmzotten

An der Dünndarmwand sitzen viele winzige Ausstülpungen, sogenannte Darmzotten. Durch sie vergrößert sich die Oberfläche der Dünndarmwand. So können mehr Nahrungspartikel aufgenommen werden.

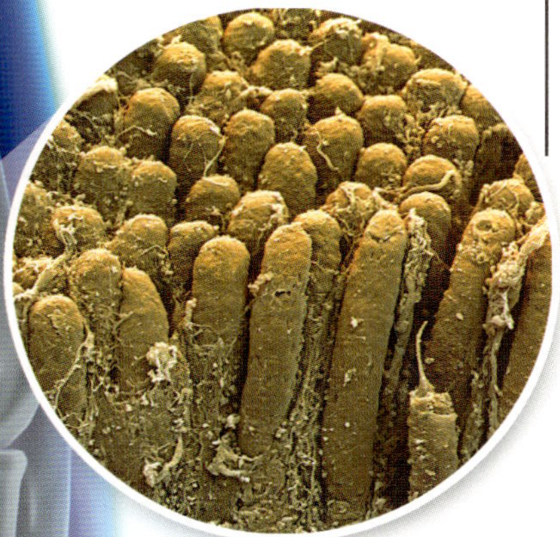

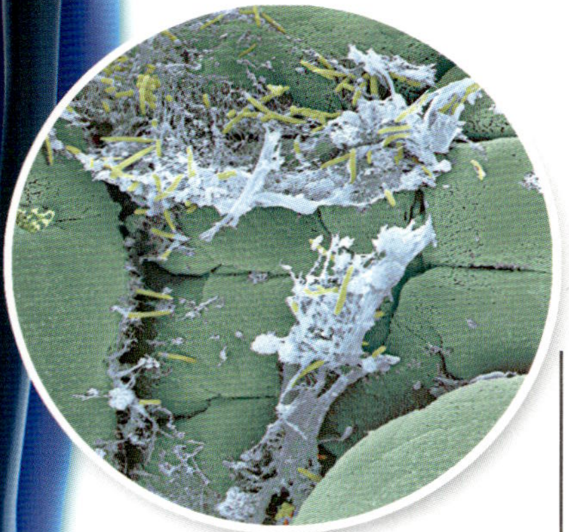

Der Krummdarm

Der letzte Abschnitt des Dünndarms heißt Krummdarm. Hier tummeln sich Bakterien auf den Darmzotten. Diese lösen Nährstoffe aus dem Nahrungsbrei heraus.

> Der Dünndarm kann die erstaunliche Länge von bis zu 7 m erreichen!

http://www.mallig.eduvinet.de/bio/Repetito/verdau5b.html

KOT – feste, nicht verwertbare Reste aus Nahrung, toten Zellen und Bakterien, die der Körper durch den After ausscheidet.

DARM UND LEBER

Sobald der Nahrungsbrei im Dünndarm angekommen ist, beginnen Bauchspeicheldrüse (Pankreas) und Leber mit ihrer Arbeit. Deine Bauchspeicheldrüse spaltet Fette, Kohlenhydrate und Proteine durch Enzyme auf. Deine Leber erzeugt einen Gallensaft, der Fette auflösen kann. Die aufgespaltenen Nährstoffe gehen ins Blut, nicht verwertbare Stoffe werden weiter in den Dickdarm geschoben.

Im Darm

Unverdaute Nahrungsbestandteile wander in deinen Dickdarm. Ein Ventil sorgt dafür dass nichts in die falsche Richtung fließt. Hier wird dem Nahrungsbrei das Wasser e zogen. Er verbleibt dann so lange im Mast darm, bis du ihn als Kot ausscheidest.

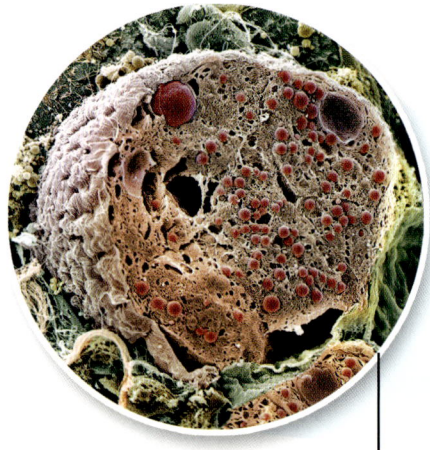

Die Bauchspeicheldrüse

Die Zellen in deiner Bauchspeicheldrüse (Pankreas) erzeugen Verdauungsenzyme. Im Dünndarm spalten diese Kohlenhydrate, Fette und Proteine auf.

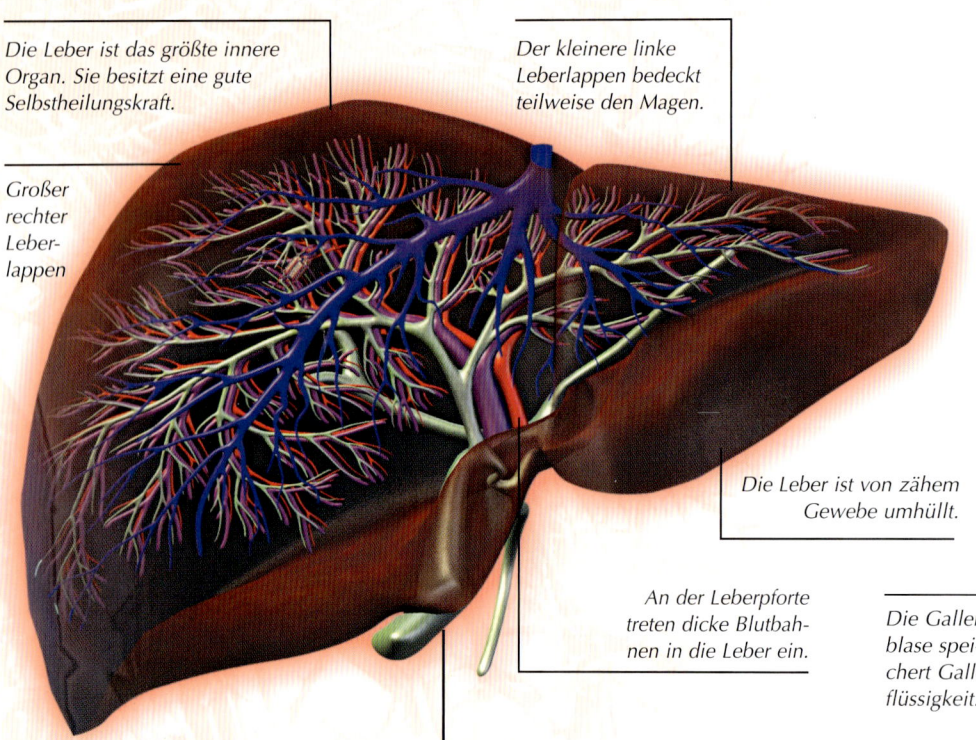

Die Leber ist das größte innere Organ. Sie besitzt eine gute Selbstheilungskraft.

Der kleinere linke Leberlappen bedeckt teilweise den Magen.

Großer rechter Leberlappen

Die Leber ist von zähem Gewebe umhüllt.

An der Leberpforte treten dicke Blutbahnen in die Leber ein.

Die Leber von innen

Die Leber besteht aus Lappen, die wiederum aus vielen Leberläppchen bestehen. 80 % ihrer Zellen sind Hepatozyten. Sie verarbeiten das Blut, das durch sie hindurchgepumpt wird. Einige Bestandteile werden gespeichert, andere umgebaut. Nährstoffe, die der Körper benötigt (z. B. Blutzucker), setzt die Leber direkt frei.

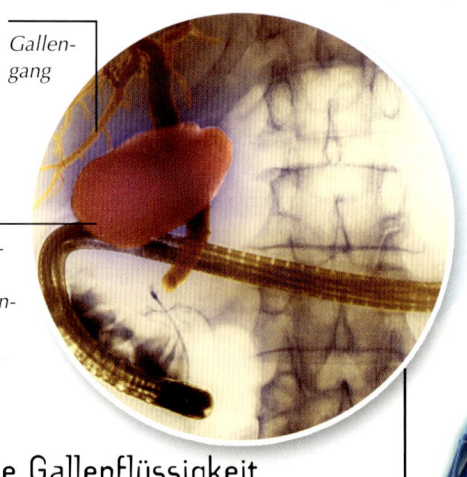

Gallengang

Die Gallenblase speichert Gallenflüssigkeit.

Die Gallenflüssigkeit

Die Leber erzeugt Gallensaft, der durch den Gallengang in den Dünndarm gelangt und dort Fette verdaut.

> Bei einer Blinddarmentzündung ist nur der kleine Wurmfortsatz dieses Darmstücks entzündet.

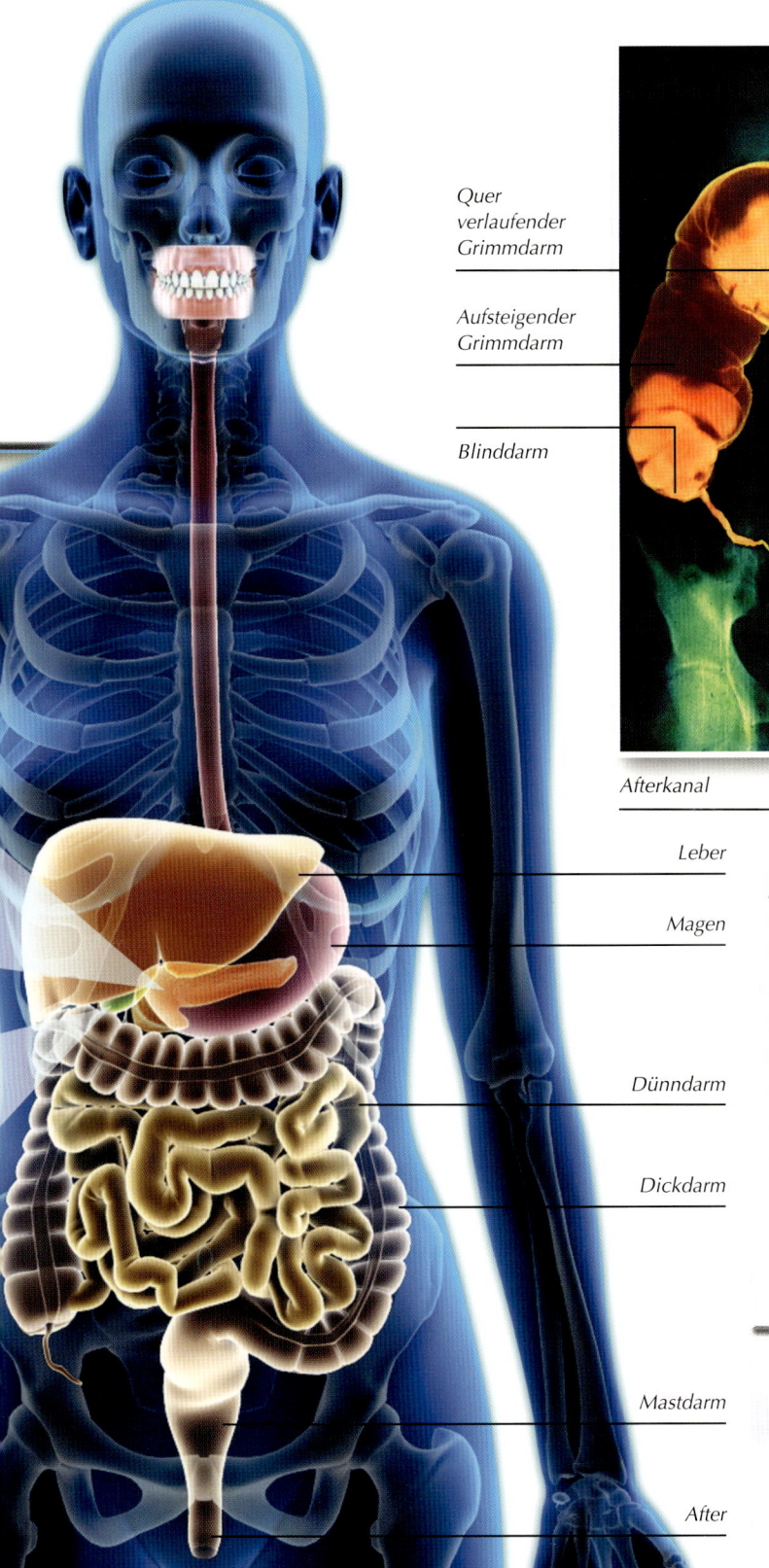

Quer
verlaufender
Grimmdarm

Aufsteigender
Grimmdarm

Blinddarm

Leber

Magen

Dünndarm

Dickdarm

Mastdarm

After

http://www.medienwerkstatt-online.de/lws_wissen/vorlagen/showcard.php?id=224

Der Dickdarm

Für diese Röntgenaufnahme musste der Patient eine barium-haltige Flüssigkeit trinken. Durch Barium – ein Metall – gehen Röntgenstrahlen nicht hindurch. Deshalb kann man den Dick-darm – bestehend aus Blind-darm, Grimmdarm und Mast-darm – sehr gut erkennen.

Absteigender
Grimmdarm

S-Darm (Teil des
Grimmdarms)

Mastdarm

Afterkanal

Die Milz

Deine Milz bildet weiße Blut-körperchen, die Krankheiten abwehren (siehe Seite 7). Sie beseitigt auch alte rote Blut-körperchen und reinigt das Blut. Diese Aufnahme zeigt die Milz im Quer-schnitt von unten.

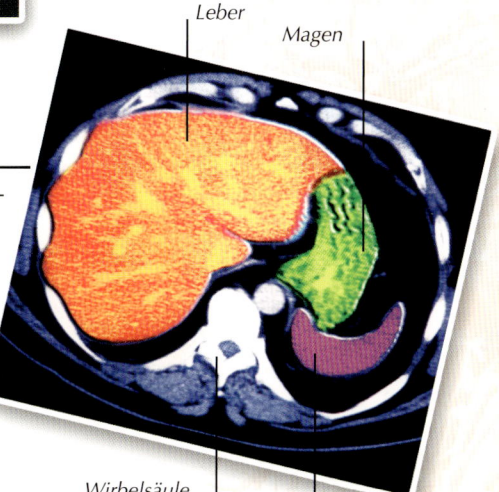

Leber

Magen

Wirbelsäule

Milz

🔴 DER WURMFORTSATZ AM BLINDDARM

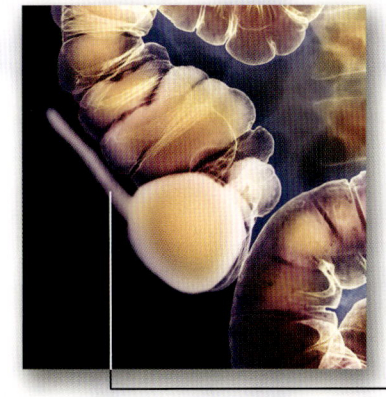

Der gerade oder gewundene Wurmfortsatz (Appendix) am Blinddarm ist ein enger Schlauch. Bei Erwachsenen kann er etwa 10 cm lang wer-den. Seine genaue Funktion kennen wir nicht – aber er kann sich schlimm entzünden!

Wurmfortsatz (Appendix)

DIE NIEREN

Nieren und Harnblase regulieren das Wasser-Salz-Gleichgewicht in deinem Blut und halten es sauber. Fast die gesamte Flüssigkeit, die von den Nieren gefiltert wird, kehrt danach in den Blutkreislauf zurück. Der Rest wird weitergeleitet und in der Harnblase gesammelt, bis du ihn als Urin (= Harn) durch die Harnröhre ausscheidest.

Nebenniere

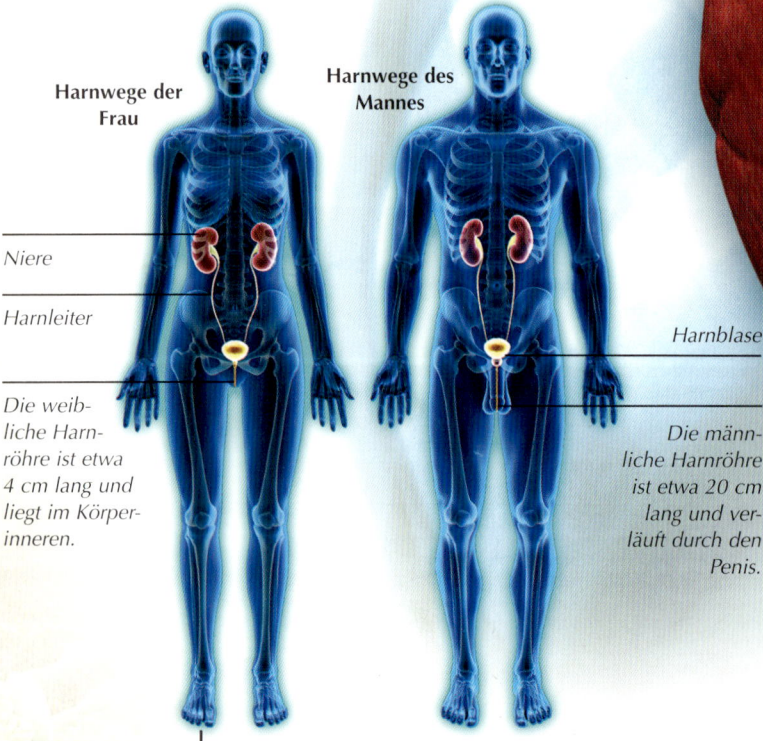

Harnwege der Frau

Harnwege des Mannes

Niere

Harnleiter

Harnblase

Die weibliche Harnröhre ist etwa 4 cm lang und liegt im Körperinneren.

Die männliche Harnröhre ist etwa 20 cm lang und verläuft durch den Penis.

Die Niere ist von einer schützenden Kapsel umhüllt.

Die Harnwege

Die Harnwege sorgen für die Ausscheidung von nicht verwertbaren Stoffen. Zu den Harnwegen gehören deine beiden Nieren und Harnleiter, die Harnblase, zwei Schließmuskel und die Harnröhre.

So arbeiten die Nieren

Deine beiden Nieren filtern nicht abbaubare Stoffe und überschüssiges Wasser aus dem Blut. Durch zwei Harnleiter läuft der so entstandene Harn in deine Blase. Die Nieren haben aber auch noch eine andere Aufgabe: Sie erzeugen wichtige Hormone, die den Blutdruck steuern und das Knochenmark zur Bildung von roten Blutkörperchen anregen.

> Im August 2003 wurde einem 62-jährigen Brasilianer ein Blasenstein entfernt, der 17,9 cm groß war und 1,9 kg wog!

Die Nierenkörperchen

Jede Niere enthält rund 1 Million kleine Arbeitseinheiten. Jede Einheit besteht aus feinen Harnkanälchen und einem Nierenkörperchen – das ist eine Kapsel mit einem verschlungenen Knäuel von winzigen Blutgefäßen. Wasser, Salze und Abfallstoffe wandern durch die Gefäßwände in die Harnkanälchen.

Gefäßknäuel in einem Nierenkörperchen

Blutgefäße, die zu den Nierenkörperchen führen.

In jedem Gefäßknäuel wird gefiltert.

http://www.br-online.de/kinder/fragen-verstehen/wissen/2003/00324/

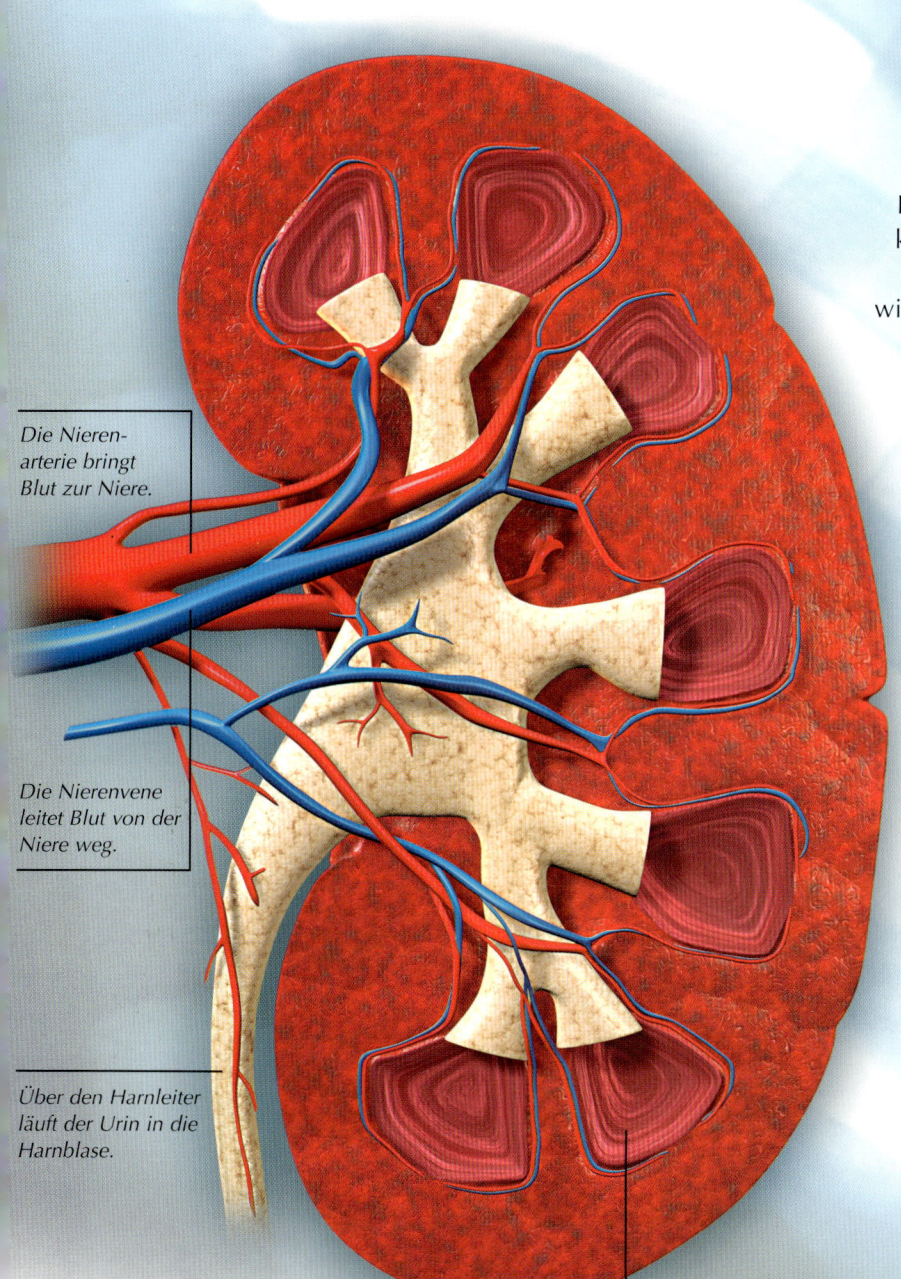

Die Nierenarterie bringt Blut zur Niere.

Die Nierenvene leitet Blut von der Niere weg.

Über den Harnleiter läuft der Urin in die Harnblase.

Das Nierenmark im Inneren der Niere teilt sich in einzelne Abschnitte, die man als »Markpyramiden« bezeichnet.

Die Harnblase

Deine Harnblase – oft auch nur Blase genannt – ist ein hohles, dehnbares Organ, das 400 bis 600 ml Urin bis zu fünf Stunden lang speichern kann! Wenn du zur Toilette gehst, zieht sich die Harnblase zusammen und der Urin wird durch die Harnröhre herausgepresst.

Harnblase

⬤ BLASENSTEINE

Oft bilden sich winzige Kristalle im Urin, die normalerweise problemlos ausgeschieden werden können. Es kann jedoch passieren, dass sie sich zu großen, harten »Steinen« von mehreren Zentimetern Durchmesser entwickeln. Dann verursachen sie manchmal Schmerzen und müssen operativ entfernt werden.

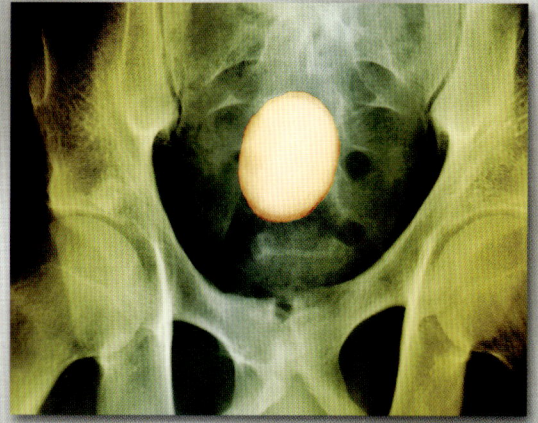

Röntgenbild eines großen Blasensteins in der Harnblase eines 65-jährigen Mannes

NEUES LEBEN

Der männliche Körper produziert Samenzellen (Spermien), der weibliche Körper reife Eizellen. Beim Geschlechtsverkehr gelangen die Spermien in die Gebärmutter der Frau. Verschmilzt eine Spermie mit einer weiblichen Eizelle, nennt man das Befruchtung. Die befruchtete Eizelle nistet sich in der Schleimhaut der Gebärmutter ein, teilt sich mehrfach, und es entsteht ein winziger Mensch (Embryo).

Millionen von Samenzellen (Spermien) schwärmen aus, doch nur wenige davon dringen bis zum Ei vor.

Der Kopf einer Samenzelle enthält im Zellkern genetisches Material.

Auch der Zellkern des Eis enthält genetisches Material.

Befruchtung

Bei der Befruchtung verschmelzen das genetische Material von Spermium und Eizelle miteinander – neues Leben entsteht. Nur eine einzige Samenzelle schafft es, in die Eizelle einzudringen. Danach bildet sich sofort eine Schutzschicht um das befruchtete Ei.

Die männlichen Fortpflanzungsorgane

Die beiden außenliegenden Hoden produzieren Spermien. Beim Geschlechtsverkehr werden sie über den Penis in die Scheide der Frau ausgestoßen (Ejakulation).

Die weiblichen Fortpflanzungsorgane

Im Gegensatz zum Mann liegen bei der Frau sämtliche Fortpflanzungsorgane im Körperinneren. Ihre Aufgabe ist die Erzeugung reifer Eizellen.

Die Samenbläschen erzeugen den größten Teil der Samenflüssigkeit.

Die Prostata produziert ebenfalls etwas Samenflüssigkeit.

Die Gebärmutter (Uterus) schützt und ernährt das Baby bis zur Geburt.

Im Eierstock reift in monatlichem Abstand jeweils ein Ei heran.

Die Brüste produzieren nach der Geburt Milch.

Der Samenleiter ist ein mit Muskeln ausgestatteter Schlauch.

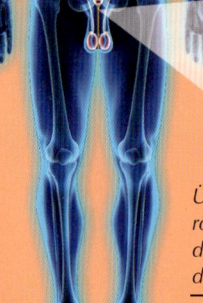

Der Eileiter transportiert reife Eier aus dem Eierstock zur Gebärmutter.

Über die Harnröhre gelangen die Spermien nach draußen.

Durch die Scheide (Vagina) dringen die Spermien ein. Sie ist auch der Geburtskanal.

Die Hoden (Testikel) befinden sich außen am Körper.

> In den ersten 4 bis 5 Schwangerschaftsmonaten sind Babys am ganzen Körper behaart – fast wie kleine Äffchen!

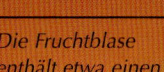

Ein Baby entsteht

Eine Schwangerschaft dauert etwa 40 Wochen. In der 10. Woche ist der Fötus etwa 3 cm groß und wiegt weniger als 4 g. Alle lebenswichtigen Organe sind aber schon vorhanden und der Fötus kann schlucken und sogar treten! In der 35. Woche sind Lungen, Verdauungssystem und Gehör voll ausgebildet.

Die Fruchtblase enthält etwa einen Liter Flüssigkeit.

Die Nabelschnur verbindet den Fötus mit dem Mutterkuchen.

Dieses Baby ist ungefähr 50 cm groß und wiegt etwa 3,5 kg. Es ist voll entwickelt und bereit für die Geburt.

Der Mutterkuchen (die Plazenta) entwickelt sich in der frühen Schwangerschaft in der Gebärmutter. Er versorgt den Fötus mit Sauerstoff und Nahrung und beseitigt Abfallprodukte.

Der Kopf des Babys hat sich in die Öffnung der Gebärmutter »eingestellt«.

Der Gebärmutterhals mündet in die Scheide, durch die das Baby geboren wird.

WACHSEN UND ÄLTERWERDEN

Menschen entwickeln sich ihr ganzes Leben lang weiter – körperlich und geistig. Als Baby und Kind bist du noch von deinen Eltern abhängig, aber nach der Pubertät gehörst du zu den Erwachsenen. Eine gesunde Lebensweise trägt dazu bei, bis ins hohe Alter fit und aktiv zu bleiben. Deshalb sind Bewegung und eine ausgewogene Ernährung wichtig.

Vier Generationen einer Familie

http://www.br-online.de/kinder/fragen-verstehen/wissen/2007/01714/

GLOSSAR

Antikörper

Substanz, die vom Immunsystem ausgeschüttet wird. Sie zerstört Mikro-Organismen, die Krankheiten verursachen.

Bakterien

Mikroorganismen, von denen manche Krankheiten verursachen können.

Base

Eine von vier Substanzen – Adenin, Cytosin, Guanin, Thymin – die sich zu Paaren verbinden, um den Molekülen in den Genen (der DNS) entsprechende genetische Anweisungen zu geben.

Blutdruck

Die Kraft, mit der das Blut gegen die Wände der großen Arterien drückt.

Chromosom

Eine von 46 fadenähnlichen Strukturen im Kern einer Zelle, die genetische Informationen in Form von Genen enthält.

CT

Computertomografie – eine Art Röntgenbild, durch das man Querschnittansichten vom Körper erhält.

Doppelhelix

Gewundene Form der DNS-Stränge

DNS (auch: DNA)

Desoxyribo**n**ukleinsäure – genetisches Material in lebenden Organismen. Es enthält verschlüsselte Anweisungen, die für Entwicklung und Fortpflanzung notwendig sind. Die heute gebräuchliche Abkürzung DNA kommt vom englischen Namen der Substanz: **D**eoxyribo**n**ucleic **A**cid.

Drüsen

Organe oder Gruppe von Zellen, die lebenswichtige Substanzen produzieren.

EKG

Elektrokardiogramm – elektrische Messung der Herzspannung. Das dazu verwendete Gerät druckt die Daten in Form einer Kurve aus.

Enzym

Eiweißstoff, der wie ein Katalysator manche chemischen Reaktionen im Körper verstärkt.

Epidermis

Oberste Hautschicht

Flimmerhärchen (Zilien)

Mikroskopisch kleine Zellfortsätze an der Schleimhaut der Atemwege. Sie filtern die Atemluft und befördern Schleim und darin eingefangene Schmutzstoffe z.B. durch die Nase nach draußen.

Genetik

Vererbungslehre – Wissenschaft, die sich mit der Vererbung von Merkmalen bei Lebewesen beschäftigt.

Hormone

»Botenstoffe«, die wichtige Körperfunktionen wie z.B. Wachstum und Fortpflanzung beeinflussen. Sie werden in verschiedenen Drüsen hergestellt.

Infektion

Anderes Wort für »Entzündung«. Auch der Befall mit Parasiten wie z.B. Würmern wird als Infektion bezeichnet.

Keratin

Harter Eiweißstoff, der in Fingernägeln, Haaren und in der äußersten Hautschicht zu finden ist.

Kohlenhydrate

Hauptbestandteile unserer Nahrung, die der Körper zur Energieversorgung benötigt, z.B. in Form von Glukose.

Kot

Sammelbegriff für alle festen, nicht verwertbaren Reste aus Nahrung, toten Zellen und Bakterien, die der Körper durch den After ausscheidet.

Kurzsichtigkeit

Sehschwäche, bei der Gegenstände in weiter Entfernung verschwommen oder unscharf gesehen werden. Grund dafür ist ein zu langer Augapfel.

Knochenmark

Weiches Gewebe im Knochen, das u.a. frische Blutkörperchen produziert.

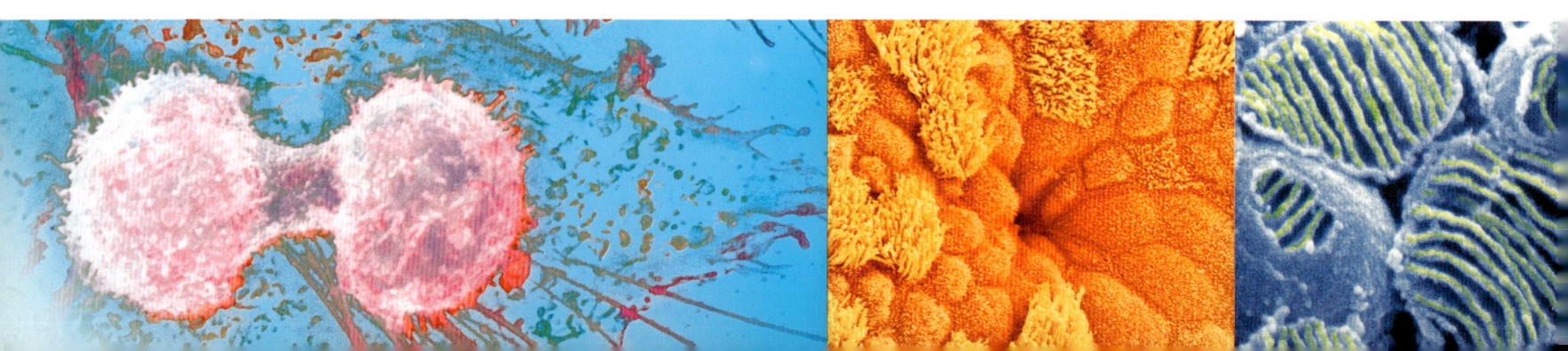

Knorpel

Zähes, dehnbares Gewebe, das die Knochen an den Gelenken umhüllt, um sie vor Verletzungen zu schützen.

Lymphe

Flüssigkeit, die für den Hin- und Hertransport von Stoffen zwischen Körpergewebe und Blut verantwortlich ist.

Melanin

Farbstoff, der Haut, Haaren und Augen ihre Farbe gibt.

Membran

Dünne Gewebeschicht, die Organe oder Körperoberflächen von innen sowie von außen schützt.

Molekül

Chemische Einheit, die aus einem oder zwei Atomen besteht.

Nährstoffe

Stoffe, die der Körper für gesundes Wachstum und gutes Funktionieren braucht, wie z.B. Kohlenhydrate, Zucker oder Fett.

Neuron

Eine der Zellarten, die elektrische Impulse durch das Nervensystem transportieren.

Plasma

Flüssiger Bestandteil des Blutes, der etwa 50 % des Blutvolumens ausmacht.

Pore

Winzige Öffnung an der Oberfläche der Haut

Protein

Eiweißmolekül, das dem Körper lebenswichtige Aminosäuren zur Verfügung stellt. Diese bilden dann wiederum andere Stoffe, z.B. Keratin, Enzyme oder Antikörper.

Pubertät

Lebensabschnitt, in dem die Fortpflanzungsorgane zu arbeiten beginnen und das Kind erwachsen wird.

Reflex

Automatische, sofortige Reaktion, die meist als Schutzmaßnahme dient.

REM

Rapid Eye Movement = schnelle Augenbewegungen – Schlafphase, in der sich die Augäpfel unter den geschlossenen Lidern schnell hin und her bewegen und der Mensch träumt.

Schleimhaut

Hautschicht, die Körperhöhlen mit nährendem, schützendem Schleim auskleidet – z.B. in der Nase oder in der Gebärmutter.

Speichel

Von den Speicheldrüsen gebildete Flüssigkeit, die den Mund feucht hält.

Virus/Viren

Krankheitserreger, die in Körperzellen eindringen, sich dort selbst kopieren und großen Schaden anrichten können. Eines der bekanntesten Viren unserer Zeit ist das tödliche AIDS-Virus, gegen das es bis heute weder eine Impfung noch eine Heilungschance gibt. Auch Schadprogramme, die über das Internet auf Computer übertragen werden, bezeichnet man als Viren.

Vitamin

Bestandteil der Nahrung, der in winzigen Mengen lebensnotwendig ist.

Wurmfortsatz (Appendix)

Wird fälschlicherweise oft als »Blinddarm« bezeichnet. Kleiner, wurmförmiger Fortsatz am Blinddarmende, der sich manchmal entzündet und dann operativ entfernt werden muss. Diese Art der Entzündung kann sehr gefährlich werden, wenn man sie nicht rechtzeitig bemerkt und der eitrige Wurmfortsatz im Körper »durchbricht«.

Weitsichtigkeit

Sehschwäche, bei der Dinge in der Nähe nur unscharf wahrgenommen werden. Grund dafür ist ein zu kurzer Augapfel.

Zelle

Kleinster Baustein eines jeden Körpers und die Basis allen Lebens. Eine Zelle kann sich selbst kopieren.

REGISTER

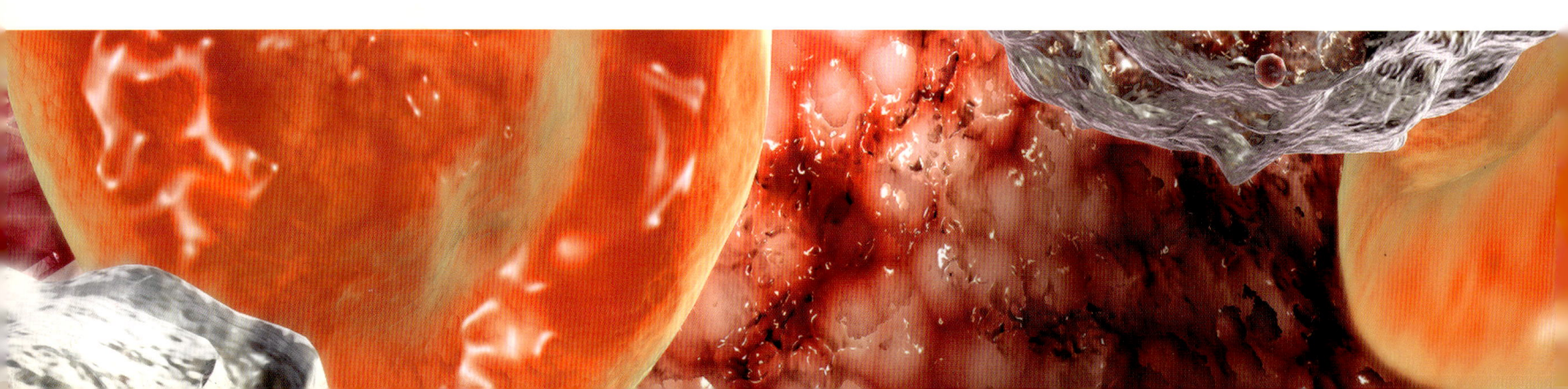

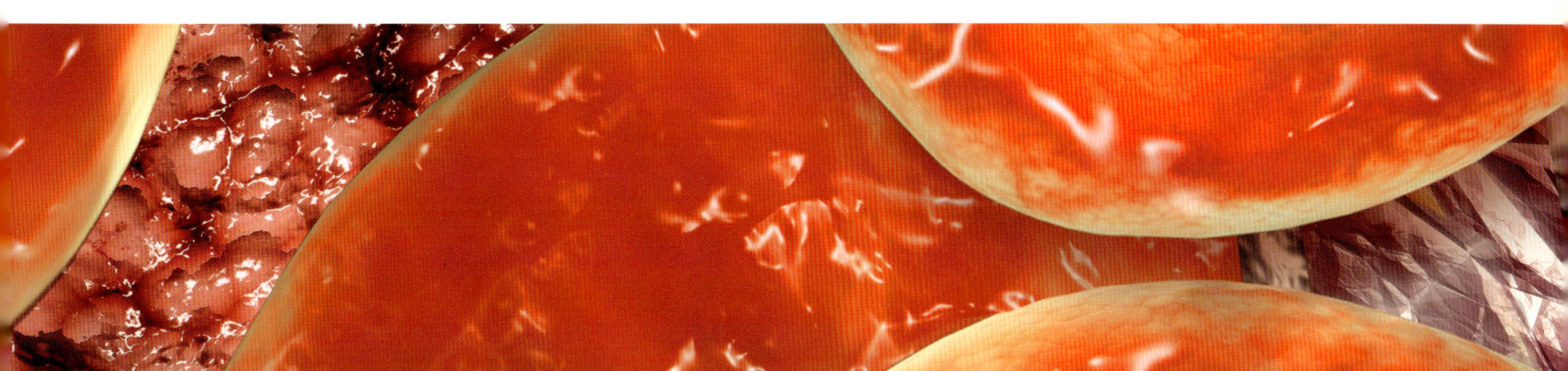

FRAG MAL NACH!

Was sagen Experten zum Thema Körper? Hier stellen wir
einige Bücher, Internetseiten, Museen und mehr vor, mit
deren Hilfe du selbst zum Experten werden kannst!

Museen und Ausstellungen

Viele Museen haben naturwissenschaftliche Abteilungen,
in denen Kinder den menschlichen Körper interaktiv
erleben können – sozusagen »hautnah«.

 Frag doch mal die Maus: Mein Körper, cbj-Verlag

 Dresdner Kinder-Museum im Deutschen Hygiene-Museum
Lingnerplatz 1, 01069 Dresden

 http://www.dhmd.de/neu/

**Haupteingang zum
Natural History
Museum in London**

Fernsehen und Zeitschriften

Es gibt viele TV-Sendungen, Zeitschriften und Filme, die sich mit
dem menschlichen Körper beschäftigen.

 GEOlino (erscheint monatlich)

Wissen macht Ah!; Die Sendung mit der Maus

http://www.mallig.eduvinet.de/bio/programe/koerper5.htm

**Anatomische Studien
des berühmten italienischen
Künstlers Leonardo da Vinci
(1452–1519)**

Kunst und Geschichte

Zahlreiche Kunstausstellungen und Bücher beschäftigen sich mit
dem Körper. In Kunstgalerien und Ausstellungen kann man erleben,
wie Künstler aller Jahrhunderte Menschen dargestellt haben.

 Kunstbücher von *Prestel Junior*

 Kunsthistorisches Museum
Maria-Theresien-Platz, 1010 Wien

 http://www.kidsville.de/schauspiel/kunstwerke/kunst.htm